Quelle Histoire !

TRÈS CHOUETTES CES

GRECS

ILLUSTRÉ PAR MARTIN BROWN

MILAN
jeunesse

Pour Jean Longstaff, avec mes remerciements.

D<small>ANS LA</small> M<small>ÊME</small> C<small>OLLECTION</small>

Cléopâtre et son aspic
Les misères du Moyen Âge
L'âge de pierre
Monstrueux ces Romains
Horreur dans les tranchées 1914-1918

Traduction : Anne Delcourt
Maquette : Rachel Bisseuil

Text copyright © Terry Deary, 1996
Illustrations copyright © Martin Brown, 1996

Titre original : The groovy Greeks
All rights reserved

The right of Terry Deary and Martin Brown to be identified as
the author and illustrator of this work respectively has been asserted by
them in accordance with the Copyright, Designs and Patents Act, 1988.
First published in the UK by Scholastic Ltd, 1996
Scholastic Children's Books,
Commonwealth House, 1-19 New Oxford Street
London WC1A 1NU, UK
Pour l'édition française :
© 2003 Éditions Milan pour le texte
ISBN : 2.7459.0814.6
Dépôt légal : 2ᵉ trimestre 2003
Aubin Imprimeur, 86240 Ligugé
Imprimé en France

Sommaire

INTRODUCTION

L'histoire est parfois horrible. Et sais-tu à qui la faute ?

Non, c'est la faute des Grecs !

Les Grecs ont inventé l'histoire, il y a près de 2 500 ans...

L'histoire n'est pas la seule invention qu'on leur doit. Ils ont aussi eu l'idée des pièces de théâtre, des Jeux olympiques – et même de l'appareil photo...

C'est drôle que tu dises ça. Voici justement un livre sur les chouettes Grecs, qui va te raconter tout ce que le prof ne te dira jamais. Tout ce qui t'intéresse vraiment. Des histoires drôles et d'autres qui donnent la pétoche.

CHRONOLOGIE DES CHOUETTES GRECS

Avant J.-C.

1600-1200 Première civilisation grecque, dominée par les puissants seigneurs mycéniens de Crète.

Vers 1180 Le siège de Troie –
Troie perd à cause de la célèbre ruse du cheval de bois.

Vers 1100 Naissance de l'État de Sparte.

776 Premiers Jeux olympiques répertoriés.

Vers 750-550 Les Grecs prennent la mer et développent le commerce.

Vers 730 Les Grecs produisent les premiers écrits de poésie au monde. Super Homère est le poète le plus célèbre.

610 Premières tuiles de toiture manufacturées au temple d'Héra à Olympe.

Vers 600 Thalès, un scientifique grec, annonce que toute la Terre flotte sur l'eau.

585 L'homme de sciences Thalès prédit une éclipse du soleil.

Vers 550 Premières représentations théâtrales. Le roi lydien Crésus fait frapper les premières pièces d'or et d'argent portant des inscriptions.

7

Vers 530 Pisistrate, tyran d'Athènes, crée une bibliothèque.

Vers 520 Alcméon de Crotone fait des découvertes sur le corps humain en découpant des cadavres – cool, non ?

490 Les Perses envahissent la Grèce – et sont battus par les Grecs à la bataille de Marathon.

486 Première comédie jouée à Athènes.
480 Xerxès de Perse attaque les Grecs. Bataille des Thermopyles. Mort de 300 héros spartiates.
460 Athènes contre Sparte et la Perse.

431-404 Athènes joue les petits chefs, provoquant la guerre du Péloponnèse. C'est Sparte qui devient le *big boss*.

430 La grande peste d'Athènes tue le chef d'Athènes, Périclès, et accessoirement, un quart de la population athénienne.

413 Défaite de l'armée grecque à Syracuse suivie de…
404 La chute d'Athènes.

Vers 400 Les ingénieurs de l'armée grecques inventent l'arc à double courbure – l'ancêtre de l'arbalète.

371 Les Spartiates sont renversés par le nouveau *big boss*, Thèbes.

336 Alexandre le Grand devient roi de Macédoine quand son papa est assassiné. En dix ans pile, il conquiert le vieil ennemi, la Perse.

330 Aristote invente la *camera oscura* – sorte d'appareil photo à sténopé, à l'origine du cinéma et de la télévision – ça c'était cool !

323 Mort d'Alexandre le Grand. Son empire est divisé par ses généraux.

322 Fin de la démocratie d'Athènes à la prise du pouvoir par les Macédoniens.

215 Archimède invente la catapulte et d'autres machines de guerre – qui tiennent les Romains à distance pendant trois ans.

213 Archimède fait poser des miroirs le long des remparts du port – ils éblouissent les Romains et mettent le feu à leurs bateaux... Les Romains sont retardés mais...

212 Les Romains arrivent.

146 La Grèce est absorbée par l'Empire romain.

Après J.-C.

393 Les Romains abandonnent les Jeux olympiques – qui n'auront plus lieu avant 1 500 ans.

DES DIEUX DÉMONIAQUES

Avant les Grecs, la Grèce était gouvernée par les puissants Mycéniens. Leur plus grand palais se trouvait sur l'île de Crète – tellement classe que la reine disposait des premières toilettes avec chasse d'eau. Puis les palais furent détruits et la civilisation mycénienne disparut. Fini les chasses d'eau. Que s'était-il passé ? Était-ce dû à…
• la guerre et aux agressions extérieures ?
• des tremblements de terre ?
• la sécheresse et la famine ?
• un changement de climat ?
Toutes ces raisons ont été avancées par les historiens. Mais, comme pour la disparition des dinosaures, personne n'est vraiment sûr.
Puis les Doriens s'installèrent en Grèce. Ils oublièrent comment écrire, et nous savons peu de choses sur cette époque, que les historiens appellent les Temps obscurs.

Faute d'écriture, l'histoire s'est transmise à travers des récits. Au fil du temps, ces récits sont devenus de plus en plus délirants et invraisemblables. Des légendes, en fait.

Les Grecs aimaient par-dessus tout les histoires qui font peur. Un auteur grec a dit que ce genre d'histoires n'étaient pas pour les enfants (de même qu'on les empêche aujourd'hui de regarder certains films d'horreur).

Mais ce livre est une histoire horrible et ce qui suit porte la mention « soumis à autorisation parentale ».

Ne lis pas si tu es sujet aux cauchemars – ou lis les yeux fermés pour éviter les passages trop sanguinolents.

ON T'AURA PRÉVENU !

Des bébés à croquer

Cronos était le chef des dieux. On pourrait penser qu'il était content, mais non. Quelqu'un lui avait dit que l'un de ses enfants prendrait sa place.

« Mais ça ne va pas du tout, gémit Cronos. Hé, m'dame Cronos, passe-moi ce bébé !

– Pour quoi faire ?

– Pas de questions idiotes. Passe-moi ce bébé. »

Mme Cronos lui passa leur nouveau-né. « Tiens ! Qu'est-ce que tu vas faire avec ce bébé ? cria-t-elle.

– Le manger.

– Le manger ! Espèce de gros lard goulu. Tu viens de dîner. Ne me dis pas que tu as encore faim !

– Je n'ai pas faim, grogna le grand dieu. C'est juste cette prophétie qui dit qu'un de mes enfants prendra mon trône. Pas de mioche, pas de détrônement. C'est comme ça que je le vois.

– Tu ne vas pas te mettre à écouter toutes ces histoires d'horriscopes, soupira Mme Cronos.

– Inutile de prendre des risques, voilà ce que je dis, dit Cronos content de lui. Passe-moi l'Alka-Selzer. »

Le temps passa. Mme Cronos eut d'autres bébés dieux... et Cronos les mangea tous. Enfin, sauf le tout dernier. Mme Cronos en avait marre de ces ripailles. « Je vais mettre un terme à son petit jeu », ricana-t-elle en cachant le bébé, Zeus, sous son lit. Elle ramassa un rocher, l'emmaillota et le déposa dans le berceau.

Cronos entra. « Où est-il ?

– Dans le berceau.

– Ce qu'il est moche, celui-là, dit le chef des dieux en louchant sur le rocher.

– Oui, il tient de son père, marmonna Mme Cronos.

– Plutôt croquant, nota l'époux en avalant ses dents.

– Faut croire qu'il est plus dur à cuire que les autres », renchérit Mme Cronos.

Cronos s'assit lourdement sur un divan royal. « Ooooh ! Je crois qu'il m'est resté sur l'estomac.

– Possible, dit Mme Cronos en reniflant. Ce sont des choses qui arrivent, mon cœur.

– Ooooh ! gémit le roi des dieux en portant les mains à son ventre. Je crois que je vais vomir !

– Pas sur le nouveau tapis, mon amour. Il y a une cuvette par là », l'informa Mme Cronos.

Cronos eut un hoquet céleste et rendit non seulement son coriace casse-croûte, mais aussi tous les autres bébés dieux.

« Ce qui prouve, dit Mme Cronos ravie, qu'on ne fait pas qu'une bouchée d'un bon dieu. »

Alors, les petits dieux une fois adultes prirent-ils la place de leur père ? À ton avis ?

Ne plains pas trop Cronos. Il avait tué son propre père, Uranus, et balancé les morceaux à la mer. Cronos et les anciens dieux furent chassés par Zeus et les nouveaux dieux. Ces nouveaux dieux étaient bien plus marrants. Ils formaient une grande famille, bien désagréable. Toujours à se disputer, à se battre et à se faire des crasses.

Zeus régnait sur la terre et le ciel du haut de sa maison au sommet du mont Olympe. De tous les dieux, Zeus était le plus cool. Dans un concours, il gagna le meilleur boulot. Quand il ne draguait pas les humaines, il faisait rôtir les gens dans un éclair de tonnerre.

Le frère de Zeus, Poséidon, régnait sur la mer. Un boulot de poule mouillée. Le vieux Pos, assez mauvais perdant, n'était pas trop ravi. Alors il boudait et tapait du pied, fouettant les mers de son trident et déclenchant des tempêtes. Quel empoisonneur !

AU SECOURS !

14

Le vrai perdant était Hadès, un troisième frère. On lui confia le boulot de régner sur le monde des morts. L'enfer !

Petite colle

Prométhée, un jeune dieu qui aimait les hommes, vola le feu aux dieux pour le leur donner. Mais le dieu en chef, Zeus, punit les hommes en créant quelque chose d'horrible. Était-ce :

1 les femmes
2 les mouches
3 les professeurs

Réponse :
1 Les femmes ! Les Grecs les trouvaient sournoises et menteuses. Elles faisaient en sorte que les hommes ne puissent plus vivre sans elles – mais c'était en même temps de telles pestes qu'ils ne pouvaient pas non plus vivre avec elles. Les femmes se débrouillaient très bien pour partager les richesses d'un homme, mais elles n'étaient plus du tout d'accord quand il était pauvre. Bien sûr cette légende est ridicule – demande à n'importe quelle femme.

SE BATTRE COMME UN GREC

Les Troyens têtes de bois

Chacun connaît l'histoire du cheval de Troie. Mais tu y crois, toi ? Ces andouilles de Troyens trouvèrent un cheval de bois devant les portes de la ville…

J'AI UNE SUPER IDÉE. ON N'A QU'À L'AMENER À L'INTÉRIEUR DES MURS. ON AURAIT UNE STATUE AU MILIEU DE LA VILLE.

PAS TROP DE STATUES DE BOIS DANS LE COIN.

ON SERA LES PREMIERS. UNE NOUVELLE MODE.

BON, D'ACCORD. HÉ, IL A MÊME DES ROUES POUR QUE CE SOIT PLUS FACILE.

PRESQUE COMME SI LES GRECS VOULAIENT QU'ON L'AMÈNE À L'INTÉRIEUR.

DÉLICATE ATTENTION DE LEUR PART.

HEU... PÂRIS, DIS, TU NE CROIS PAS QUE ÇA POURRAIT ÊTRE UNE SORTE DE... HEU... PIÈGE ? MAMAN A DIT « MÉFIE-TOI DES CADEAUX DES GRECS. »

NAN ! TA MÈRE SE MÉFIE DE TOUT. TIENS, PRENDS CETTE CORDE ET RENDS-TOI UTILE.

17

Tout le monde trouve cette histoire géniale. Personne ne se pose la question : « Les Troyens pouvaient-ils être aussi stupides ? » Si on se la posait, la réponse serait « Oui ». Si la matière grise était de la poudre, les Troyens n'en auraient pas eu assez pour faire sauter leur casque. Parce qu'ils se sont laissés avoir à laisser entrer les chouettes Grecs dans leur ville une seconde fois.

Eh oui. Tout le monde connaît l'histoire du cheval. Les profs oublient de te raconter la seconde histoire qui a eu lieu environ 800 ans plus tard, en 360 avant J.-C.

La ruse de Troie... bis

Charidémus en avait marre. Il faisait les cent pas dans sa tente et passait une main puissante dans ses cheveux gris. Il râlait : « Je ne prendrai jamais Troie. Les murs sont trop solides... et les Troyens n'ont pas l'air de mourir de faim, je me trompe ?

– Non, chef, bafouilla son jeune lieutenant. Peut-être que si on construisait un cheval de bois et...

Charidémus le foudroya du regard. « Merci. Tu es le cinquantième qui me fait la suggestion. Les Troyens ne retomberaient pas dans le panneau. Ils mettraient simplement le feu au cheval. Serais-tu volontaire pour te cacher dedans ? Histoire de voir si j'ai raison ? »

Le jeune homme piqua un fard et dit « Non, chef. »

Il fut soulagé d'entendre quelqu'un approcher de la tente. Il courut à l'entrée.

« Mot de passe ?

– Ajax », cria l'homme.

Le lieutenant ouvrit le rabat de la tente et dit « Entre, ami ».

Le garde entra en tirant au bout d'une chaîne un homme en haillons, et se mit au garde-à-vous. « Un espion, chef. Pris en train de voler de la nourriture. Permission de l'exécuter, chef ? » aboya-t-il.

Le général Charidémus dévisagea le prisonnier. Ses vête-

ments étaient poussiéreux mais de bonne qualité. « Pas encore, capitaine. Laisse-nous. »

Le garde salua et se retira. Charidémus désigna un coussin : « Assieds-toi, ordonna-t-il. Ton nom ? »

Le prisonnier répondit avec un large sourire : « Damon ». Il était sec et musclé, avec des yeux sombres et très mobiles qui ne regardaient pas les gens en face.

« Et tu es sorti de Troie pour voler de la nourriture ? Ça va donc aussi mal que ça en ville ? »

Damon eut un sourire sournois. « Vous les Grecs mangez mieux que les Troyens. Même avant le siège, le roi nous rationnait. »

– Tu n'aimes pas le roi ? Alors pourquoi travailles-tu pour lui ? » demanda le général grec.

Damon haussa les épaules. « C'est juste un travail. »

Charidémus se pencha. « Et si je te proposais un travail ? Mieux payé et mieux nourri ? »

Damon regarda son pouce et le leva lentement à sa bouche. « Je serais heureux de travailler pour vous. Je serais un loyal serviteur. »

Le regard du général se fit dur comme de l'acier : « Oh, tu le seras, Damon. Ceux qui me trahissent meurent... mais très lentement. »

Le prisonnier s'agita sur son coussin et sourit nerveusement. « Que dois-je faire ?

– Je veux que tu sois mon cheval de bois, Damon. Écoute-moi bien et je t'expliquerai tout ce que tu dois faire... »

Charidémus mit une semaine à mettre son plan au point. Son jeune lieutenant était nerveux. En serrant la ceinture de l'armure de son général, il demanda : « Comment savez-vous que Damon ne vous trahira pas ? »

Le général soupesa son glaive. « Damon est avide, mais pas idiot. Il sait que nous prendrons Troie tôt ou tard. Si nous devions attendre trop longtemps, il sait que cela nous mettrait en colère. Nous tuerions certainement les hommes de Troie, et lui avec. Alors que s'il nous aide il vivra et n'aura plus à se coucher le ventre vide. »

Charidémus glissa son glaive dans sa ceinture. « Donne-moi ma cape. »

Le jeune homme fit glisser la grande cape crasseuse sur les larges épaules du général. Une capuche couvrait sa tête anguleuse. Il arrangea les plis de la cape de façon à cacher les armes et lui couvrit les mains de poussière. « On vous prendra pour un pauvre voyageur, monsieur ». Et le jeune lieutenant se changea à son tour.

Le général sortit de sa tente et alla au-devant de douze hommes tous vêtus de la même façon. Sans un mot, Charidémus ouvrit la marche, quittant le camp illuminé de torches pour la route de pierre qui menait à Troie. Un homme de petite stature, assis sur son cheval, les regardait venir.

« Tout est prêt, Damon ? demanda le général à voix basse.

– Oui », répondit l'homme en souriant. Faisant demi-tour, il repartit au pas vers les portes de la ville. Traînant les pieds, boitant, les soldats grecs prirent le chemin de la ville ennemie.

« Qui va là ? cria un garde du haut d'une tour.

– Damon ! répondit le traître.

– Ah, en effet ! Que rapportes-tu ?

– Les Grecs relâchent leur vigilance. À leur camp, j'ai trouvé un groupe des nôtres sous la garde d'un seul homme. Je l'ai tué, et je les ramène, mentit Damon. Mais fais vite. Ils sont affaiblis et malades.

– Bien, Damon... oh, il me faut le mot de passe.

– Castor, lança aussitôt Damon.

Les portes s'ouvrirent en grinçant. Le cavalier entra dans la ville – les soldats suivant d'un pas pesant.

Une fois les portes refermées, les hommes quittèrent leur cape à l'ombre des murs. Ils montèrent l'escalier de pierre menant aux tours et aux murs.

Les défenseurs troyens n'eurent pas une chance. Ils attendaient les Grecs à l'extérieur des murs, certainement pas dedans.

Charidémus coupa la gorge du dernier garde et laissa retomber le corps mou dans le fossé sombre et poussiéreux qui longeait le mur. Les Grecs se rassemblèrent dans la tour qui surplombait la porte.

« Attendons le reste de notre armée... » commença le général, mais son lieutenant courut regarder par-dessus le mur. Un corps d'armée venait d'arriver devant la porte, faisant rouler les pierres sur la route.

« Ils sont là, monsieur, mais ils arrivent trop tôt ! souffla le jeune homme.

– Ou bien ce ne sont pas les nôtres, dit Charidémus.

– Comment le savoir dans le noir ?

– Le mot de passe, le mot de passe... tu sais « cheval de bois ». Vite ! Demande-leur, ordonna le général.

– Qui va là ? cria le lieutenant

– Ami ! répondit-on.

– Donnez le mot de passe. »

Une voix s'éleva après un instant : « Castor ! »

Les Grecs regardèrent le général Charidémus. « Laissez-les entrer. Sinon ils donneront l'alarme avant l'arrivée de nos hommes. Cachez-vous derrière les portes. Dès que le dernier sera entré, tuez-les. Tuez-les tous ! »

Les Grecs descendirent en courant les escaliers et se mirent en position, pendant que le général et son lieutenant actionnaient les treuils qui commandaient l'ouverture des portes. On entendit le bruit des hommes marchant au pas, des cris de surprise et d'effroi, le cliquetis des armes, puis le silence de la mort.

Dans l'obscurité des rues de Troie se tenait un homme au sourire sinistre, assis sur son cheval. Un cheval qui avait fait entrer l'ennemi dans Troie... une nouvelle fois.

PIÈCES D'ÉPOUVANTE ET ÉPIQUES ÉLECTRISANTS

Après les histoires de dieux vinrent les histoires de héros, des hommes presque aussi puissants que les dieux. La seule différence est qu'ils étaient « mortels », ils mouraient.

Les histoires de héros étaient racontées sous forme de poèmes chantés dans les palais de la Grèce antique. Puis, après les Temps obscurs, ils furent rédigés. Le plus ancien poème écrit est l'œuvre du Grec Homère. Son poème, *L'Iliade*, raconte le siège de Troie, l'histoire des héros qui luttèrent jusqu'à la mort pour ramener Hélène à son petit mari, le roi Ménélas.

Cette histoire est tellement extraordinaire qu'on la raconte encore aujourd'hui.

Les poèmes étaient dits sur scène, accompagnés par une troupe de danseurs. Puis un petit malin du nom d'Eschyle se pointa avec une idée géniale. Il mit sur scène un deuxième récitant. Et voilà, ça donnait une pièce, la première au monde. Encore une invention grecque !

Un autre grand auteur de théâtre fut Euripide.

Bien sûr, comme tout en Grèce, l'écriture de pièces devint un concours. On allait voir quelle pièce était la meilleure et allait remporter le prix. Mais ce n'était pas comme le théâtre que nous connaissons, où l'on va voir un mime de Noël. Au théâtre grec...

• le décor était toujours le même ;

• on jouait en plein air ;

• il n'y avait pas d'actrices – les rôles féminins étaient tenus par des hommes ;

• il n'y avait pas d'action. Les passages intéressants – comme les meurtres – étaient racontés, jamais montrés ;

• les acteurs portaient un masque – et des semelles compensées, ce qui fait qu'ils bougeait très lentement.

Il existait deux catégories de pièces. Les sérieuses, où beaucoup de monde mourait d'une mort atroce : les « tragédies ». Et les rigolotes pleines de blagues marrantes et de grossièretés : c'était les « comédies ».

Plusieurs tragédies célèbres ont été écrites sur la guerre de Troie. Différents auteurs ont raconté la même histoire. L'important n'était pas le sujet, mais la façon de raconter.

Eschyle n'a pas écrit sur la guerre de Troie – c'est Homère qui l'a fait. Eschyle s'est intéressé aux femmes de cette

période. Des femmes comme Clytemnestre – la femme d'un chef grec, Agamemnon.
Si Clytemnestre avait tenu un journal de ces années, ça aurait pu avoir cette allure-là :

Journal d'un meurtre

Cher journal

Tu ne vas pas croire ce qu'a fait ma sœur Hélène !
Elle s'est sauvée avec Pâris, le beau jeune homme.
Quelle chipie, cette Hélène ! Le cher Ménélas a le dos
tourné et elle drague le petit Pâris. C'est une <u>honte</u> !
Ce n'est pas moi qui flirterais avec un invité.
Évidemment, j'ai trois enfants à élever. Je dois leur
montrer le bon exemple. Bref, on pense qu'elle a filé
à Troie. C'est toujours mieux que Sparte.
Quelle ville de sauvages, Sparte ! J'ai toujours dit
qu'Hélène ne tiendrait pas la distance.

 TROIE

Ça va faire des histoires, croyez-moi. Mon mari,
Agamemnon, est rentré en rage ce soir.
« Tu es au courant de ce que ton Hélène a encore
inventé ? a-t-il aboyé.
– Je suis au courant. Je ne peux pas le lui
reprocher. Charmant jeune homme, ce Pâris. »
Je savais que ça le mettrait en rogne. C'est devenu
plus rouge que du sang sur un autel sacrificiel.
Je ne le laisserai pas dire du mal de notre Hélène.

Elle a toujours été volage - je peux bien le dire.
Mais c'est ma sœur et personne n'a le droit de dire
quoi que ce soit contre elle.
« Charmant jeune homme ! rugit-il. C'était un
invité. UN INVITÉ ! ! Il a trahi la confiance de
Ménélas. Lui a piqué sa femme alors qu'il était
à la chasse !
- Pas besoin de crier. Tu vas inquiéter Iphigénie,
répliquai-je en tapotant la tête de notre fille.
- Pourquoi il râle ? demanda Iphigénie.
- Tata Hélène a filé à Troie avec le beau prince
Pâris.
- Oh, ce n'est que ça ? » dit-elle en reprenant
sa couture. Délicieuse enfant, notre Iphigénie.
Si seulement les deux autres, Oreste et Électre,
étaient pareils ! Drôle de paire ces deux-là.

ORESTE
ET ÉLECTRE

« En tout cas, reprit Agamemnon,
il va y avoir du grabuge. Beaucoup
de grabuge. Il est prévu qu'on aille
la chercher avec mille bateaux. Pour la ramener.
- Ça va prendre des mois ! m'exclamai-je.
- Un Grec doit faire ce qu'un Grec doit faire,
ânonna-t-il. Bon, prépare-moi à souper, avant que
j'aille organiser l'armée.

- Organiser l'armée ? dis-je. Ne me dis pas que tu pars aussi ?

- Partir ? Partir ? C'est moi qui dirige l'armée ! Ménélas est mon frère, après tout ! »

C'est du Agamemnon tout craché. Se fourrer dans les disputes des autres. Rien qu'une excuse pour aller se bagarrer. Il mériterait que je fasse comme Hélène et que je me trouve un petit ami. Ça lui apprendrait. À vrai dire ça fait un moment que j'ai repéré le petit Égisthe...

Mais non. Ça ferait de la peine à notre Iphigénie. Je vais laisser Agamemnon vivre sa vie. J'espère qu'il aura le mal de mer.

ÉGISTHE

À L'AUTOMNE

Je vais le tuer ! Je vais tuer Agamemnon. Tu ne vas pas croire ce qu'il a fait. Si j'avais eu une épée dans la main, je l'aurais tué sur-le-champ. Maintenant il est parti. Je n'ai plus qu'à attendre. Qu'il mette six mois ou six ans à revenir, je me vengerai. J'aurai sa peau.

Je ne lui pardonnerai jamais. Je sais qu'il a des problèmes. Mille bateaux prêts à faire voile sur Troie, et ils n'ont même pas pu quitter le port d'Aulis. Le vent les repoussait sans cesse. Semaine après semaine.

Bien sûr, je savais qu'ils allaient demander conseil à l'oracle. Mais je n'ai jamais pu savoir ce que l'oracle avait dit. Il était bien silencieux à son retour.

« Alors ? Il faut faire quoi ? questionnai-je.

— Oh, un sacrifice, marmonna-t-il. Juste un sacrifice et les dieux feront tourner le vent.

— Alors tout va bien. C'est quoi ? Un mouton ? Un cerf ? »

Il grogna quelque chose et fit mine de quitter la pièce. « Pardon ? » insistai-je. Je ne suis pas sourde. Je suis sûre qu'il ne voulait pas que j'entende.

« Heu... Une jeune vierge. Nous devons sacrifier une vierge, dit-il, l'air pas très fier.

— Hé, notre Agamemnon, tu ne vas pas tuer une petite juste pour ramener cette chipie d'Hélène ?

- Un Grec doit faire...
- Ouais, ce qu'un Grec doit faire. Je sais.
Je dis que c'est une honte. Ça me fait vraiment
de la peine pour la mère de la petite.
- Oui », dit-il d'un air craintif, et il se faufila
dehors.

J'étais très secouée. Vraiment secouée à l'idée
de ces brutes massacrant une gamine juste
pour faire plaisir à un dieu. Alors je suis allée
voir Iphigénie pour me remonter le moral.
Sa nurse était blanche comme une statue
de marbre quand je l'ai appelée.
« Iphigénie est partie au sacrifice, me dit-elle.
- Partie au sacrifice ! m'écriai-je. Mais elle
est trop jeune pour aller voir une chose aussi
horrible ! Ça va lui couper l'appétit. Elle qui
mange comme un moineau, dans le meilleur
des cas ! dis-je.
- Non, murmura la nurse. Elle n'aura plus
jamais de dîner. Iphigénie est partie pour
le sacrifice. C'est elle le sacrifice », m'expliqua
la pauvre femme.
J'étais sans voix. Cet ignoble traître avait fait
tuer notre petite fille sur un autel juste
pour le plaisir d'aller jouer au petit soldat.

Bien sûr les vents ont tourné et il a pris la mer
avant que j'aie pu mettre la main sur lui.
M'a laissé ici avec la drôle de paire, Oreste et
Électre, à élever.
Mais j'ai tout mon temps. Oh, tout mon temps.
L'attente ne fera qu'accroître ma satisfaction une
fois que je le tiendrai. Ça, croyez-moi, je l'aurai.
S'il ne se fait pas tuer à Troie, il se fera tuer
en rentrant à la maison.

CINQ ANS PLUS TARD

Troie est plus difficile à prendre qu'ils ne s'y
attendaient. Jouer aux petits soldats n'est plus
si drôle qu'ils l'espéraient. Ils attendent jour après
jour à l'extérieur de Troie. Ils doivent s'ennuyer
à mourir.

Je m'ennuyais moi aussi. Mais maintenant j'ai le
gentil Égisthe pour me tenir compagnie. Trop malin
pour aller à Troie.
Ce sera bien fait pour Agamemnon s'il se fait tuer.
Mais avec le soutien d'Égisthe, ce pauvre idiot
n'échappera pas à la mort s'il revient à la maison.
J'ai maintenant deux raisons de me débarrasser
de lui. Je n'ai pas oublié Iphigénie.

Pour ce qui est de la « drôle de paire »,
ils sont plus étranges que jamais. J'ai parfois
l'impression qu'ils n'aiment pas leur mère.
Ça me va, je ne les aime pas beaucoup non plus.

ENCORE CINQ ANS PLUS TARD

Il est rentré. Le héros vainqueur est de retour.
Pas réussi à vaincre les Troyens à la loyale, alors
il les a battus en rusant avec un cheval de bois.
En cachant des soldats dans le cheval, je crois bien.

CHEVAL
DE BOIS

Typique d'Agamemnon, ce coup vicieux.
Hélène a retrouvé Ménélas et tout le monde est
content... sauf moi. Et les Troyens, bien sûr.
J'ai fait semblant d'accueillir Agamemnon en
épouse aimante, pas vrai ? Mais ce n'était pas
évident quand cette fille s'est avancée.
« Voici Cassandre, m'a-t-il dit.
- Cassandre ? N'est-elle pas la fille du roi
de Troie ?
- Si, et ma future épouse, a-t-il ajouté.

- Tu as déjà une femme ! Tu m'as <u>moi</u> !
- Cassandre sera ma seconde femme », a-t-il déclaré en pénétrant dans le palais, la grande bringue sur les talons. On dit qu'elle a le don de prophétie. Dans ce cas, elle sait que nous la tuerons aussi. Je l'ai lu dans ses yeux... Elle sait... Elle sait.

LE LENDEMAIN

C'est fait. Il est mort. Nous avons attendu qu'il soit dans son bain. Je suis entrée avec l'épée. J'aurais pu le frapper par derrière. Mais je voulais qu'il sache ce qui allait se passer, tout comme Iphigénie l'a su il y a dix ans. Égisthe l'a achevé. Ce n'était pas très propre.
Cassandre était dans sa chambre. Comme si elle m'attendait. C'était peut-être le cas. Elle n'a pas crié, ni essayé de s'enfuir. Elle a juste fermé les yeux et baissé la tête.
C'était presque plus dur que de le tuer, lui. Mais c'est fini, maintenant. Ah oui, Oreste et Électre, la drôle de paire, manigancent quelque chose. Ils ne peuvent rien faire. C'est contraire à la loi des dieux et des hommes de tuer sa propre mère. Je suis tranquille.

> **Cher journal**
>
> C'est contraire à la loi des dieux et des hommes de tuer son mari. Et les dieux ont voulu que nous vengions la mort de notre père. Nous les avons tués, elle et son amant meurtrier Égisthe. Nous attendons maintenant le jugement des dieux pour notre crime.
>
> Oreste et Électre

Les dieux décidèrent de détruire Oreste et Électre pour avoir tué leur mère, et leur envoyèrent les « furies » – sortes d'anges de la mort. Finalement la déesse Athéna leur accorda le pardon.

Voilà le genre d'histoire que les Grecs aimaient regarder sur scène. On dit que les films et les programmes de télévision d'aujourd'hui sont trop violents. Mais en vérité, les divertissements proposent des histoires violentes depuis des milliers d'années.

La vérité sur Troie

L'histoire de Troie fait-elle partie de l'histoire ? Est-ce vraiment arrivé ? Homère l'a écrite des centaines d'années après les faits. Bien sûr, l'histoire avait pu traverser les Temps obscurs par le bouche à oreille. Demande à un historien…

A-T-IL EXISTÉ UNE VILLE APPELÉE TROIE ?

OUI. LES ARCHÉOLOGUES ONT TROUVÉ LE LIEU DES RUINES.

TROIE

TURQUIE

DES RUINES ? ELLE A ÉTÉ DÉTRUITE PAR LA GUERRE ?

ELLE A ÉTÉ DÉTRUITE ET REBÂTIE PLUSIEURS FOIS. ELLE A SUBI UN TREMBLEMENT DE TERRE

HÉLÈNE DE TROIE A-T-ELLE VRAIMENT EXISTÉ ?

MYSTÈRE. MAIS IL N'ÉTAIT PAS RARE QUE DES COMMANDOS ENLÈVENT DES REINES. ELLE A PU EXISTER.

ET POUR LE SACRIFICE D'IPHIGÉNIE ?

C'EST POSSIBLE. IL Y A EU DES CAS D'ENFANTS SACRIFIÉS – ET MÊME EN PARTIE MANGÉS – À CETTE ÉPOQUE.

BEUH ! ET LE CHEVAL DE BOIS ?

ÇA, C'EST INTÉRESSANT. C'EST PEUT-ÊTRE UNE VERSION POÉTIQUE D'UN BÉLIER EN BOIS.

... IL AURAIT ÉTÉ COUVERT POUR PROTÉGER LES ATTAQUANTS DES FLÈCHES DES DÉFENSEURS. ET LA PROTECTION POUVAIT AVOIR L'ASPECT D'UN CHEVAL.

Ne raconte pas d'histoires

Outre les pièces, les Grecs appréciaient aussi les bonnes histoires. Et personne n'en racontait d'aussi bonnes qu'Ésope. Tout le monde connaît *Le Lièvre et la Tortue*. La morale de cette histoire est « Celui qui va lentement, mais sûrement, gagne la course. » Ou *Le Garçon qui criait au loup*, la morale de celle-ci étant « Personne ne croit un menteur, même quand il se met à dire la vérité. »

Il nous a laissé de sages proverbes tels que « Ne vends pas la peau de l'ours avant de l'avoir tué. » Mais l'histoire la plus terrible est celle d'Ésope lui-même.

Ésope était un héros du folklore grec qui a dû vivre au VIe siècle avant J.-C. D'après une légende, né en Thrace, il vécut quelque temps comme esclave sur l'île de Samos, puis, affranchi, voyagea dans les autres États en racontant ses histoires.

Puis il arriva à Delphes, là où vivait l'oracle. Dans la Grèce antique, c'était le nom qu'on donnait à un prête ou une prêtresse qui transmettait les conseils des dieux. Il semble qu'Ésope ait fâché les prêtres de l'oracle. Peut-être leur a-t-il raconté l'histoire de...

L'homme et le dieu en bois

Autrefois, les hommes vénéraient des bâtons, des pierres et des idoles, et leur adressaient des prières pour avoir de la chance. Il y avait un homme qui, depuis longtemps, adressait ses prières à une idole de bois hérité de son père, sans jamais voir sa chance tourner. Il avait beau prier et prier, il restait toujours aussi malheureux.

Un jour, pris de rage, il alla voir l'idole de bois et, d'un coup violent, la fit tomber de son piédestal. L'idole se brisa en deux, et que vit-il ? Une énorme quantité de pièces qui roulèrent à ses pieds.

Et la morale de cette histoire est « La religion n'est qu'une ruse des prêtres pour gagner de l'argent. »

Quoi qu'ait dit Ésope, ça n'a pas du tout plu aux prêtres. Ils l'ont emmené au sommet d'une falaise et l'ont poussé en bas, entraînant sa mort.

LES SAUVAGES SPARTIATES

Le premier grand État qui se développa après les Temps obscurs fut Sparte. Les Spartiates étaient un peu étranges. Ils se croyaient meilleurs que tout le monde. Si les Spartiates voulaient plus de terre, ils s'installaient chez les autres. Si des gens y vivaient déjà, ils les réduisaient en esclavage. En bref, c'était les moins cool de tous les Grecs.

Bien sûr, beaucoup n'avaient aucune envie d'être esclaves. Ils se défendaient contre les Spartiates dans le seul langage que comprenaient ces derniers, la violence. S'ils étaient les plus durs à cuire de tous les Grecs, c'est sans doute parce qu'ils devaient toujours se battre pour prouver qu'ils étaient les meilleurs.

Mais entraîner les jeunes hommes à se battre ne suffisait pas. Il fallait commencer dès la naissance.

Dix faits infâmes

1. Pour être forts, les enfants s'entraînaient à courir, à lutter, à jeter des javelots et des palets, et ça c'était pour les filles !

2. Les filles devaient aussi participer nues à des processions, des danses et des services religieux au temple. Ça leur évitait de devenir coquettes.

3. Selon la tradition, pour se marier, un jeune homme devait faire semblant d'enlever sa femme contre son gré. La femme se coupait alors les cheveux et s'habillait en homme. Puis l'époux regagnait l'armée et devait ensuite aller rendre visite à sa femme en cachette.

4. Les nouveau-nés étaient examinés par les anciens. S'ils étaient en bonne santé, on disait « Laissez-le vivre ». Ceux qui semblaient maladifs étaient abandonnés dans la montagne, où ils mouraient.

5. Les parents n'avaient pas de droits sur leurs enfants, qui appartenaient à l'État de Sparte. À 7 ans, ils allaient rejoindre un groupe d'enfants. Le plus fort devenait le chef et commandait les autres. Les hommes âgés qui les sur-veillaient provoquaient souvent des bagarres entre eux pour voir qui était le plus fort.

6. À 12 ans ils pouvaient porter un manteau, mais pas de tunique. Ils pouvaient prendre un bain quelques fois par an.

7. Les enfants dormaient sur des roseaux qu'ils coupaient eux-mêmes au bord de la rivière. En hiver, quand ils avaient froid, ils y ajoutaient des chardons… les piquants leur donnaient une sensation de chaleur.

8. Les petits Spartiates n'étaient pas nourris à leur faim. On les encourageait ensuite à voler de la nourriture – savoir chaparder est un atout sur un champ de bataille. Si on les surprenait, ils étaient battus. Pas pour avoir volé, mais pour avoir eu l'imprudence de se montrer. Parfois, on battait les jeunes hommes juste pour les endurcir. Si quelques-uns mouraient, c'était la faute à pas de chance.

TU ES SÛREMENT PLUS ENDURCI MAINTENANT. MORT, MAIS ENDURCI.

9. Les garçons les plus jeunes étaient au service des plus âgés. Quand un jeune garçon faisait une bêtise, la punition courante était une morsure sur le dos de la main.

10. Si quelqu'un se plaignait au cours d'une bagarre, non seulement il était puni, mais son meilleur ami l'était aussi.

Bien sûr, les sauvages Spartiates n'étaient pas pires que certains de leurs ennemis, tels les Scythes. L'historien Hérodote (485-425 avant J.-C.) a décrit les horreurs commises par les Scythes :

À la guerre, la coutume veut que les soldats scythes boivent le sang du premier homme qu'ils tuent. Les têtes de tous les ennemis tués sont portées au roi ; une tête donne droit à une part du butin – pas de tête, pas de butin. Le guerrier détache la peau du

crâne en la découpant en rond autour des oreilles et secoue le crâne pour le faire tomber ; puis il détache la chair en grattant avec un os de bœuf, et assouplit la peau avec les doigts. Il attache ces trophées aux rênes de son cheval, comme des mouchoirs, et il en est très fier. Le meilleur guerrier est celui qui arbore le plus de cuirs chevelus. Beaucoup les cousent ensemble pour en faire des manteaux, qu'ils portent comme des manteaux de paysans.

Le garçon qui n'a pas crié « au renard ».

Une histoire montre à quel point les Spartiates étaient étranges. C'est l'histoire d'un gentil petit Spartiate.

Comment être un bon Spartiate 1. Pique ce que tu veux, mais ne te fais pas prendre.

Il avait volé un renardeau à quelqu'un.

Comment être un bon Spartiate 2. N'abandonne pas sans lutter.

Le garçon fut surpris s'enfuyant du lieu du larcin, et fut arrêté. Mais avant d'être pris, il eut le temps de cacher le renardeau sous sa tunique.

Comment être un bon Spartiate 3. Mens et ruse pour te sortir d'affaire.

Le maître du garçon lui demanda où était le renardeau. Le garçon répondit : « Un renardeau ? Quel renardeau ? Je ne sais rien à propos d'un renardeau. »

Comment être un bon Spartiate 4. Mieux vaut être un héros mort qu'un geignard vivant.

Le maître continua son interrogatoire, qui se prolongea. Jusqu'à ce que, tout à coup, le garçon tombe. Mort. Quand on examina le corps, on découvrit que le renardeau avait attaqué les entrailles du garçon. Le coriace petit Spartiate n'avait montré aucun signe de souffrance et n'avait pas cédé, même au prix de sa vie.

Pourrais-tu tromper ton monde avec autant de cran ?

ON DIRAIT QU'IL S'EST ÉTOUFFÉ AVEC UN DEVOIR DE MATHS INACHEVÉ.

Les Thermopyles

L'histoire du garçon et du renard n'est peut-être pas vraie – mais elle montre quelles valeurs admiraient les Spartiates. En revanche, on est quasi sûrs que l'histoire des Thermopyles est véridique. Elle montre une nouvelle fois que les Spartiates préfèrent mourir que se rendre.

Trois cents Spartiates, conduits par le roi Léonidas, défendaient l'étroit défilé des Thermopyles contre des centaines de milliers de Perses. Le chef des Perses, Xerxès, envoya des espions vérifier combien de soldats défendaient le défilé. Il ne pouvait croire que les Spartiates seraient assez idiots pour se battre jusqu'à la mort. Xerxès connaissait mal les Spartiates.

Non seulement les Spartiates n'avaient pas peur, mais ils étaient très détendus. Ils attendirent la bataille en se huilant le corps et en se peignant les cheveux – ça c'était cool.

Comment être un bon Spartiate 5. Quand tu es dans de sales draps, fais de l'humour.

Les Spartiates furent avertis que les archers perses étaient si nombreux que leurs flèches pouvaient cacher le soleil. Le général spartiate dit : « Bien. Ça nous fera un peu d'ombre pendant la bataille. »

Comment être un bon Spartiate 6 : Reste plus cool qu'un Eskimo

Les Spartiates tinrent une semaine. Puis un traître guida les Perses par un passage secret qui les mena derrière les Spartiates. Les trois cents Spartiates furent massacrés. Certains perdirent leur épée pendant le combat. Ils continuèrent à se battre avec leurs poings et leurs dents.

Resterais-tu aussi cool qu'un Spartiate face au danger ?

Le savais-tu ?

Atroce mais vrai, pour prouver qu'on était un bon Spartiate, on pouvait se faire fouetter sur l'autel du dieu Artémis. Celui qui endurait le plus de coups de fouet était le plus fort. En sang, à moitié – ou *complètement* – mort, mais *fort*. Ça oui, un *parfait* Spartiate.

Le Spartiate spectral

Pausanias était un grand général spartiate qui contribua à vaincre les Perses en 479 avant J.-C. Mais les Spartiates, qui trouvaient qu'il commençait à avoir la grosse tête, lui ordonnèrent de venir à Sparte s'expliquer – ou être puni.

Pausanias ne trouva pas ça drôle. Il écrivit au roi des Perses, Xerxès, en lui proposant de trahir Sparte. Le messager partit voir Xerxès. Mais il se demanda pourquoi aucun des messagers précédents n'était revenu. Il ouvrit la lettre et la lut. Et là, à la fin, il y avait un petit message pour Xerxès...

Le messager, au lieu de porter la lettre à Xerxès, la porta aux Spartiates – comme tu l'aurais fait. Ils envoyèrent des hommes tuer Pausanias. Le général se réfugia au temple d'Athéna, dans un petit bâtiment. « Vous ne pouvez pas me toucher. Je suis sur un sol sacré, dit-il.

– Bon, répondit le chef des tueurs. On ne te touchera pas. » Et ils tinrent parole. Ils élevèrent un mur de briques devant la porte et le laissèrent mourir de faim. L'histoire aurait dû s'arrêter là. Mais le fantôme de Pausanias se mit à hanter le temple, faisant tant de bruits effrayants que la prêtresse perdit des clients. Elle finit par envoyer un magicien – une espèce de *ghostbuster* grec – pour se débarrasser de lui... pour de bon.

LES DÉROUTANTS ATHÉNIENS

Dracon le diabolique

Les Athéniens étaient très différents des Spartiates. Ils eurent parmi leurs premiers chefs un homme nommé Dracon. Les Athéniens trouvaient les Spartiates brutaux, mais les lois de Dracon étaient elles aussi très cruelles. Il définit les premiers textes de lois d'Athènes, et presque tous les crimes étaient punis d'exécution. Sous les lois de Dracon…

• on pouvait prendre pour esclave quelqu'un qui vous devait de l'argent ;

• le vol d'une pomme ou d'un chou était passible de la peine de mort ;

• les gens reconnus coupables d'oisiveté devaient être exécutés.

Dracon a dit…

Oui, c'est injuste. On applique les mêmes châtiments pour les petits et les grands crimes. Il faudrait que je trouve un châtiment pire que la mort pour les grands crimes !

Sept cents ans plus tard, un auteur grec, Plutarque, dit...

> *Les lois de Dracon ne furent pas écrites*
> *avec de l'encre mais avec du sang.*

D'autres Grecs pensaient que les lois de Dracon
valaient mieux que pas de loi du tout. (Ceux qui
étaient de cet avis n'étaient pas ceux que Dracon
avait fait exécuter, évidemment.)

Pisistrate le plaisantin

Un autre chef, Pisistrate, se montra moins sévère. C'était
toujours un « tyran » – en Grèce, c'était quelqu'un qui prenait le pouvoir par la force – mais il ne resta en place
qu'aussi longtemps que les gens approuvèrent ses actes.
Pisistrate levait de lourds impôts – dix pour cent des salaires
– mais au moins il avait le sens de l'humour.
Il rendit un jour visite à un fermier. Le fermier ne le recon-
nut pas.

Pisistrate rit et ordonna que le vieux fermier soit exempté
d'impôts.

Pisistrate le comploteur

Pisistrate devint très impopulaire et les Athéniens se retournèrent contre lui. Un jour, il traversa la place du marché sur
son char, dans un état épouvantable. Lui et ses mules étaient
en sang. « J'ai été attaqué par des assassins ! hurlait-il.
J'ai failli y laisser la vie ! »

Les Athéniens eurent peur de perdre leur chef – un chef
impopulaire, certes, mais le seul qu'ils avaient. Ils rassemblèrent les Athéniens les plus forts pour lui servir de gardes.
Pisistrate les utilisa ensuite pour conserver le contrôle de
la ville.

L'agression de Pisistrate lui avait redonné du pouvoir.
Comme il l'avait prévu. Car l'agression n'avait jamais eu
lieu. Le rusé tyran s'était lui-même infligé ses blessures !

Qui a tué le bœuf ?

Les Athéniens n'étaient pas aussi impitoyables que les
Spartiates. Mais ils avaient aussi leurs petites manies. L'une
des coutumes les plus étranges d'Athènes incluait le sacrifice d'un bœuf au temple. Cela en soi n'avait rien d'extraordinaire. C'est la suite qui était surprenante. Ils tenaient un
procès pour décider qui avait tué le bœuf.

C'EST LA FILLE QUI A PORTÉ L'EAU QUI A AFFÛTÉ LA HACHE !

C'EST L'HOMME QUI A AFFÛTÉ LA HACHE ET LE COUTEAU !

 C'EST L'HOMME QUI A TENU LA HACHE ET LE COUTEAU !

C'EST L'HOMME QUI A FRAPPÉ LE BŒUF AVEC LA HACHE !

 C'EST L'HOMME QUI A ENFONCÉ LE COUTEAU DANS LE BŒUF !

C'EST LE COUTEAU.  QU'AS-TU À DIRE POUR TA DÉFENSE, COUTEAU ?

 DANS CE CAS, JE DÉCLARE LE COUTEAU COUPABLE DU MEURTRE DU BŒUF. JE CONDAMNE LE COUTEAU À MORT PAR NOYADE. JETEZ LE COUTEAU À L'EAU.

POUR ÊTRE FRANC JE NE VOIS PAS L'INTÉRÊT.

La sinistre ciguë

Si les Athéniens avaient de drôles de manières de tuer les couteaux, ils avaient aussi d'étranges méthodes pour se tuer entre eux.

Après avoir été vaincus par Sparte, ils cherchèrent un coupable. Ils tombèrent sur Socrate, le vieux professeur. Étant un gars plutôt cool, il traînait toujours avec les jeunes, leur disant de ne pas croire aux anciens dieux. (Un peu comme quand ton prof te dit de ne pas croire au Père Noël). À Athènes, c'était passible de la peine de mort.

Mais plutôt que de tuer le vieux philosophe, les Athéniens lui demandèrent de s'empoisonner ! Platon rapporte cette scène sordide...

L'homme qui devait donner le poison entra en portant le tout préparé dans une coupe. Socrate, en le voyant, dit : « Brave homme, tu connais ces choses. Que dois-je faire ? »

– Bois-le et marche jusqu'à ce que tes jambes soient lourdes, puis allonge-toi. L'effet agit très vite.

L'homme tendit la coupe à Socrate.

Le professeur la prit avec entrain, sans trembler ni pâlir. Il se contenta de regarder l'homme et demanda « Puis-je porter un toast ? »

– Mais oui, répondit l'homme.

– Alors je bois aux dieux et je prie que nous soyons aussi heureux après la mort que nous l'avons été dans la vie.

Puis il but le poison d'un trait, en souriant. Jusque-là nous avions presque tous retenu nos larmes. Mais quand nous le vîmes boire, les larmes jaillirent. Je me couvris le visage pour pleurer – pas sur lui, mais sur moi. J'avais perdu un ami.

Socrate nous regarda et nous dit gravement : « J'ai entendu dire qu'on a le droit de mourir dans le silence. Contrôlez-vous et taisez-vous. » Nous cessâmes tous de pleurer.

Le professeur s'allongea. L'homme au poison lui pressa le pied. Socrate ne sentait plus rien. Il dit que quand le poison atteindrait le cœur, tout serait fini.

Lorsque l'ankylose eut gagné sa taille, Socrate appela le jeune Criton et lui dit : « Criton, nous devons faire un sacrifice à Asclépios. Assure-toi qu'il est fait. N'oublie pas. »

[Asclépios était le dieu de la guérison.]

« Bien sûr, répondit Criton. Y a-t-il autre chose ? » Mais Socrate ne répondit pas.

C'est ainsi que mourut notre ami. L'homme le meilleur, le plus sage et le plus honnête que j'aie jamais connu.

Quel héros ! Sans doute le seul prof d'histoire qui soit mort si noblement. Ton prof serait-il aussi courageux ?

Malheureusement, tu n'auras jamais l'occasion de le savoir... Le pharmacien d'à côté ne vend pas de ciguë.

Une drôle de démocratie

Aujourd'hui, la plupart des pays sont des démocraties – chaque adulte peut voter pour donner son avis sur les lois à faire passer et la façon de dépenser l'argent de l'État. Athènes, qui était vraiment cool, fut la première démocratie. Mais comme ils avaient encore beaucoup à apprendre, ils n'avaient pas tout saisi...

LE POUVOIR DES PERSES

Le roi Darios de Perse, qui avait une grande armée, décida qu'il était temps de conquérir la Grèce. Il ne prit pas la peine de participer en personne à la bataille – il pensait que battre les Grecs seraient un jeu d'enfant. Ça aurait dû être le cas car...

• Il n'y avait que l'armée athénienne pour les arrêter – les Spartiates étaient trop occupés à une fête religieuse et manquèrent la bataille ;

• les soldats grecs étaient désarçonnés par l'apparence des soldats perses ;

Les Perses portaient des *pantalons* alors que les Grecs portaient des *jupes*.

Cela n'empêcha pas les Grecs d'Athènes de gagner la grande bataille de Marathon.

Ce qui tint les Perses à l'écart pendant dix ans.

Puis vint un nouveau roi de Perse, Xerxès, avec une armée *gigantesque*.

Les soldats étaient trop nombreux pour être transportés de l'autre côté de l'Hellespont – une étendue d'eau d'environ 1,2 kilomètre de large qui sépare la Grèce de la Perse – alors Xerxès fit construire un pont.

Une tempête se leva et détruisit le pont. Xerxès fut très vexé – oui, je sais qu'il y a deux x à Xerxès, je veux seulement dire qu'il était très en colère.

Et que fit alors Xerxès le siphonné ?

1. Il fit donner à l'ingénieur du pont trois cents coups de fouet.

2. Il fit donner à la mer d'Hellespont trois cents coups de fouet.

3. Il ordonna que l'armée traverse à la nage.

Des crânes en papier mâché

Les Grecs n'auraient pas eu si peur des Perses s'ils avaient lu le grand historien Hérodote. Celui-ci raconte une histoire remarquable sur une bataille perse plus ancienne – à Péluse en Égypte, où les Perses avaient combattu en 525 avant J.-C.

Sur le champ de bataille, je vis une chose étrange que me montrèrent les autochtones. Les os des morts jonchaient le sol en deux tas – ceux des Perses et ceux des Égyptiens. Si l'on frappe le crâne d'un Perse, même avec un petit caillou, il est si fragile que cela fera un trou dedans. Mais les crânes égyptiens sont si durs qu'on ne peut les briser même avec un rocher.

Le mur de bois

Après avoir massacré les Spartiates, Xerxès se dirigea vers le Sud, sur Athènes. Les Athéniens se réfugièrent sur l'île de Salamine, au large des côtes d'Athènes. De là, ils assistèrent à l'incendie de leur ville provoqué par Xerxès.

Mais les Athéniens avaient pour chef un chouette Grec du nom de Thémistocle. Il alla voir l'oracle de Delphes et demanda conseil aux dieux. L'oracle lui dit de « mettre sa confiance dans un mur de bois. » Que fit-il ?

1. Il fit construire une flotte (de bateaux de bois).

2. Il fit élever une palissade de bois autour de l'île de Salamine pour empêcher les Perses d'entrer.

3. Il fit élever une palissade de bois autour d'Athènes pour empêcher les Perses de sortir.

Réponse : 1. Thémistocle se dit qu'il pouvait se fier à sa marine, et il eut raison. Les huit cents bateaux perses furent attaqués dans le détroit qui sépare Salamine d'Athènes, par trois cent dix bateaux grecs précisé- ment. Les bateaux grecs portaient des béliers en bronze qui défoncèrent et firent couler les bateaux perses.

Le vaisseau fantôme de Salamine

Hérodote raconte une étrange histoire qui se serait produite à la bataille de Salamine…

Les Athéniens racontent cette histoire sur un capitaine corinthien appelé Adeimantus. Au début de la bataille, rempli d'effroi, il hissa les voiles et s'éloigna en hâte. Voyant cela, les autres Corinthiens le suivirent. Mais comme ils atteignaient le temple d'Athéna sur Salamine, un bateau surgit à leurs côtés. C'était un bateau des dieux, car il n'y avait personne à bord. Une voix s'éleva du bateau : « Trahirais-tu tes amis grecs, Adeimantus ? Ils sont en train de gagner la bataille. Va les aider. » Le Corinthien répondit que c'était un mensonge. La voix reprit : « Tu peux prendre ce bateau et le détruire si je mens. Fais demi-tour, fais demi-tour. » Adeimantus et les Corinthiens retournèrent sur les lieux de la bataille et aidèrent les Grecs à gagner. Mais personne ne put lui dire d'où venait le mystérieux bateau.

C'était peut-être un bateau fantôme. Une autre histoire dit que les Corinthiens firent seulement semblant de s'enfuir, et que cela faisait partie du plan des Athéniens. La ruse des Corinthiens fit tomber les Perses dans un piège. Ils firent ensuite demi-tour pour les attaquer par surprise. Il n'y aurait jamais eu de bateau de dieux.

Quelle histoire crois-tu ? Mais il est sûr que beaucoup de marins périrent. Deux macabres épitaphes disent…

> IL A COULÉ AVEC SON BATEAU ET SEUL L'OISEAU DE MER SAIT OÙ SES OS POURRISSENT.

Et aussi…

> MARINS, NE DEMANDEZ PAS À QUI EST LE CORPS QUI GÎT ICI. JE VOUS SOUHAITE UN MEILLEUR SORT QUE LE MIEN, ET UNE MER PLUS CLÉMENTE.

Les guerres du Péloponnèse

Après sa défaite maritime à Salamine, le roi perse Xerxès rentra chez lui. Son gendre Mardonios voulait rester et tuer encore quelques Grecs, et Xerxès le laissa faire. Mardonios fut tué et son armée vaincue.

Bien sûr, les Athéniens étaient très contents d'eux. Ils décidèrent de rallier tous les États grecs pour faire équipe au cas où les Perses reviendraient. Le problème, c'est que les Athéniens voulaient prendre la tête de l'équipe.

Sparte n'était pas d'accord, et décida de ne pas jouer. Ce n'était plus qu'une question de temps avant que Sparte et Athènes ne s'affrontent pour voir qui était le meilleur. C'est ainsi que commencèrent les guerres du Péloponnèse.

Des armées aguerries

Alcibiade était un grand général athénien – mais un terrible frimeur. Il portait des vêtements super cool et était prêt à faire n'importe quoi pour attirer l'attention. Un jour, il coupa la queue de son chien rien que pour se faire remarquer.

PEUT-ÊTRE QU'ON LE REMARQUERAIT PLUS SI JE LUI ARRACHAIS LE NEZ.

La moitié des Athéniens – surtout les femmes – l'adoraient. Mais les hommes au pouvoir le haïssaient et voulaient sa mort. Ils l'envoyèrent se battre contre Sparte pendant qu'ils complotaient contre lui.

Alcibiade commanda l'armée grecque lors de l'attaque contre les alliés de Sparte à Syracuse (en Sicile) entre 415 et 413 avant J.-C. Mais il fut rappelé à Athènes qui l'accusait de sacrilège – d'insulte aux dieux. On lui reprochait d'avoir cassé le nez de statues de dieux, et (comme les statues ne portaient pas de vêtements) il aurait aussi cassé leurs organes plus intimes.

Alcibiade savait bien qu'il se ferait sans doute exécuter. Donc, pas fou, il ne retourna pas à Athènes. Il alla voir l'ennemi – *Sparte* – et lui raconta tous les secrets de l'armée d'Athènes. Les Spartiates se rallièrent à Syracuse.

Bon, les choses finirent mal pour Alcibiade – comme la queue de son chien, en fait ! Les Spartiates le firent tuer alors qu'il avait renoué avec Athènes.

Un groupe d'hommes arrivèrent chez lui pour le tuer mais n'eurent pas le cran de le combattre face à face — même s'ils étaient plus nombreux. D'abord ils mirent le feu à sa maison. Quand Alcibiade sortit, portant son épée, ils le criblèrent de flèches en restant prudemment à distance.

Des armes admirables

Dans les guerres du Péloponnèse, les Grecs s'opposèrent aux Grecs. Quand on connaît les méthodes de combat de l'ennemi, on peut le battre – mais lui aussi peut nous battre. Chaque bataille devient un match nul. Il faut donc des armes secrètes pour surprendre et effrayer l'ennemi.

C'est ce que fit l'armée grecque de Béotie. Voici ce qu'ils inventèrent...

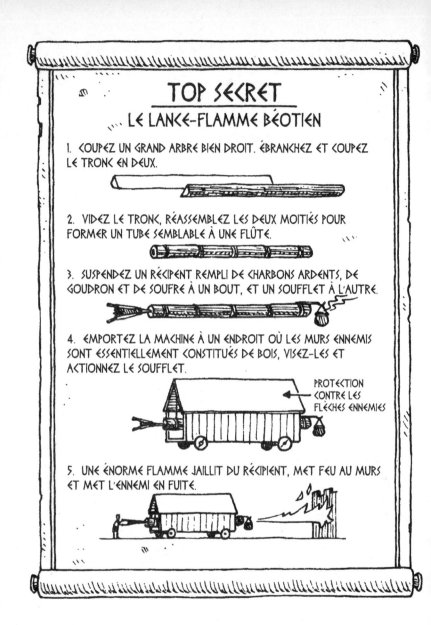

TOP SECRET

LE LANCE-FLAMME BÉOTIEN

1. COUPEZ UN GRAND ARBRE BIEN DROIT. ÉBRANCHEZ ET COUPEZ LE TRONC EN DEUX.

2. VIDEZ LE TRONC, RÉASSEMBLEZ LES DEUX MOITIÉS POUR FORMER UN TUBE SEMBLABLE À UNE FLÛTE.

3. SUSPENDEZ UN RÉCIPIENT REMPLI DE CHARBONS ARDENTS, DE GOUDRON ET DE SOUFRE À UN BOUT, ET UN SOUFFLET À L'AUTRE.

4. EMPORTEZ LA MACHINE À UN ENDROIT OÙ LES MURS ENNEMIS SONT ESSENTIELLEMENT CONSTITUÉS DE BOIS, VISEZ-LES ET ACTIONNEZ LE SOUFFLET.

PROTECTION CONTRE LES FLÈCHES ENNEMIES

5. UNE ÉNORME FLAMME JAILLIT DU RÉCIPIENT, MET FEU AU MURS ET MET L'ENNEMI EN FUITE.

Et ça a marché ! Les Béotiens prirent la ville de Délion grâce à ce système. Ils venaient d'inventer le premier *lance-flammes* !

ALEXANDRE LE (TRÈS) GRAND

Alors que la menace perse qui pesait sur les Grecs commençait à s'estomper, un nouveau danger surgit, venant de Macédoine, un petit royaume du Nord de la Grèce. Certains historiens considèrent même que la Macédoine n'était pas grecque.

D'abord vint le roi Philippe de Macédoine. Il vainquit les Athéniens, pour leur dire ensuite qu'il voulait qu'ils attaquent l'ennemi de toujours... la Perse.

Mais il y eut un petit pépin dans le plan de Philippe... il mourut. Qu'à cela ne tienne (dommage pour Philippe, évidemment). Le fils de Philippe était plus grand et plus cool encore que lui. Alexandre le très grand...

Alexandre – Voici ta vie

ET TU AS EU TA CHANCE QUAND TU AVAIS JUSTE VINGT ANS. TON PÈRE PHILIPPE EST MORT. NOUS SOMMES FIERS D'ACCUEILLIR SON FANTÔME CE SOIR...

MORT. J'AI ÉTÉ ASSASSINÉ, POIGNARDÉ PAR MON GARDE DU CORPS. JE CROIS QUE JE SAIS DE QUI ÇA VENAIT, ALEXANDRE, C'ÉTAIT T...

C'EST PAS VRAI !

TU PARS À LA CONQUÊTE DU MONDE. TU BATS LES PERSES, TU MARCHES SUR L'ÉGYPTE ET TU TRAVERSES L'ASIE.

MAIS TU NE POUVAIS BATTRE TES PROPRES SOLDATS, PAS VRAI, ALEX ?

EXACT. UNE FOIS EN INDE, TES SOLDATS ONT REFUSÉ DE CONTINUER. QU'A FAIT LE GRAND ALEXANDRE ?

IL A BOUDÉ, S'EST RETIRÉ DANS SA TENTE ET A BOUDÉ PENDANT TROIS JOURS.

TU AS GARDÉ LE POUVOIR EN FAISANT EXÉCUTER TES OPPOSANTS. MÊME TON AMI PARMÉNION.

TU TE SOUVIENS QUAND TU M'AS COUPÉ LA TÊTE, ALEX, VIEUX POTE ?

TU T'ES SAOÛLÉ ET TU AS POIGNARDÉ UN AUTRE AMI.

DUR DUR D'ÊTRE AU SOMMET.

Le sac de nœuds

Alexandre entra dans Gordion et apprit que le nœud qui reliait le joug au timon du char du roi Gordias ne pouvait être défait par personne. Une légende disait que celui qui y parviendrait dominerait toute l'Asie. Comment Alexandre détacha-t-il le timon du joug ?

Réponse : Il sortit son épée et trancha le nœud.

PENSER COMME UN GREC

Les Grecs étaient très superstitieux. Ils croyaient aux horoscopes, aux fantômes et à la toute-puissance des dieux sur leur destin. Ils croyaient que les dieux parlaient par le biais des oracles et qu'on pouvait connaître l'avenir... à condition de comprendre l'oracle.

D'augustes oracles

Les Grecs aimaient savoir de quoi était fait l'avenir. Ils n'avaient pas de boule de cristal ni de diseuses de bonne aventure. Mais ils avaient les oracles. On se rendait dans un lieu sacré, on faisait un sacrifice et on demandait à un dieu de dire ce que l'avenir réservait.

Bien sûr, les dieux ne s'adressaient pas directement aux hommes. Selon les sanctuaires, leurs messages étaient transmis de plusieurs façons. À Delphes, le dieu Apollon parlait par l'intermédiaire de la Pythie, qui était un peu comme une médium. Elle entrait en transe et parlait dans une langue inconnue. Puis les prêtres interprétaient cette information déroutante pour le visiteur.

Les prêtres de Delphes étaient tout à fait capables de donner de bons conseils. Il venait tant de visiteurs, qui parlaient tant, que les prêtres en savaient plus que la plupart des gens sur ce qui se passait dans les États grecs.

Le rusé Crésus

Il y avait plusieurs oracles en Grèce. Le roi Crésus décida de les mettre à l'épreuve pour voir lequel était le plus fiable.
Il envoya sept messagers à sept oracles. Tous devaient poser la même question au même moment... *Que fait le roi Crésus en ce moment même ?*
Ils rapportèrent les réponses au roi. Celle de l'oracle de Delphes était surprenante. Elle disait :

MES SENS SENTENT UNE ODEUR TENACE
UNE TORTUE CUISANT DANS SA CARAPACE
UN AGNEAU QUI CUIT À PETITS BOUILLONS
À COUVERT DANS LE CUIVRE D'UN CHAUDRON

Crésus fut impressionné. Il avait choisi exprès la chose la plus stupide à faire ce jour-là. Alors il avait découpé une tortue et un agneau et en avait fait un ragoût. Il les avait cuit dans un chaudron en cuivre portant un couvercle.

Crésus décida que l'oracle de Delphes était celui qu'on pouvait croire. Rusé Crésus. Mais…

Crésus le pigeonné

Mais les prêtres trichaient parfois un peu. Ils donnaient de drôles de réponses qui pouvaient signifier plusieurs choses. Le roi Crésus de Lydie interrogea l'oracle avant de partir en guerre contre la Perse.

« Que se passera-t-il si j'attaque la Perse ? demanda le roi Crésus.

– Dans la bataille, un grand empire prendra fin, répondit l'oracle.

Tout content, Crésus partit en guerre – et perdit ! La Lydie fut détruite. Il avait cru que l'oracle parlait de la Perse !

Les Grecs aimaient beaucoup les histoires d'oracles. Nombre d'entre elles parlent du très vieux jeu de…

Contourner l'oracle

La famille des Bacchiades gouvernait Corinthe. Elle était riche et puissante… et elle était inquiète.

Grand Bacchiades revenait de l'oracle, porteur d'un message lourd de menace.

« L'oracle a dit « Labda donnera naissance à un rocher qui écrasera ceux qui gouvernent et remettra de l'ordre à Corinthe », leur dit Grand Bacchiades.

– De l'ordre à Corinthe ? renifla Mme Bacchiades.

– Pas de problèmes à Corinthe... du moins pas sous notre égide.

– Ce n'est pas la question, intervint Petit Bacchiades. Si les dieux disent que l'on est cuits, alors on est cuits.

– Ha ! Et c'est un homme qui parle comme ça ! Écoutez, si l'oracle a dit qu'elle doit donner naissance à celui qui nous fera chuter, il n'y a qu'à tuer l'enfant.

– Mais c'est du meurtre, dit Grand Bacchiades, les sourcils froncés. On ne s'en tirerait pas comme ça !

– Et si le bébé avait un *accident*, suggéra Mme Bacchiades avec un sourire machiavélique.

– Ne comptons pas dessus, soupira Petit Bacchiades.

– Bon, mais si on l'aide à avoir un accident, expliqua la femme. Dès que le bébé est né, on y va. On demande à voir le nouveau-né.

– Ça c'est gentil, interrompt Grand Bacchiades.

– Mais pas du tout, corrige Mme Bacchiades. Celui qui portera le bébé le laissera tomber.

– Le laisser tomber ! s'écrie Grand Bacchiades.

– Par terre, sur la pierre, précise la femme d'une voix sinistre. Sur la tête. Plus de problème.

Bien sûr les choses ne furent pas aussi simples. Avec l'oracle, elles ne le sont jamais. Le bébé naquit, et les Bacchiades allèrent le voir. Mme Bacchiades quitta la maison au bout de dix minutes. Elle était blême avec des grosses taches rouges de colère sur ses grosses joues.

« Je n'y crois pas. Tout ce que tu avais à faire c'était laisser tomber le bébé. *Laisser tomber le bébé !* On s'était mis d'accord. Pourquoi tu ne l'as pas fait ? »

Grand Bacchiades sourit timidement. « Il m'a souri ! Je ne pouvais pas lâcher ce petit gars alors qu'il me souriait, quand même ! Je n'ai pas eu le cœur de le faire.

– Le cœur ? C'est pas un cœur qui te manque, c'est un cerveau », siffla la femme. Elle se tourna vers Petit Bacchiades. « Cette nuit, tu y vas avec un gourdin. Tu te glisses dans la maison et tu tues l'enfant. Compris ? »

Petit Bacchiades hocha la tête. « Je ne te laisserai pas tomber », promit-il.

Mais Labda avait vu la tête de Mme Bacchiades quand l'homme lui avait rendu le bébé. Elle savait que la femme voulait la mort de l'enfant. Et cette nuit-là, elle le cacha dans le coffre en bois. Il dormit paisiblement et se réveilla le lendemain en souriant.

Labda nomma le bébé Cypsélos – d'après le mot grec signifiant « coffre ». En grandissant, Cypsélos devint un chef cool et populaire, alors que tous les Corinthiens détestaient les Bacchiades. Le jeune homme devint roi de Corinthe – un roi fort mais juste. Toutefois, au sujet des Bacchiades, il se montra sans pitié.

Cypsélos était le rocher qui écraserait ceux qui gouvernaient... et tel un rocher, il les écrasa. Exactement comme l'oracle l'avait annoncé.

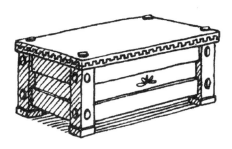

Le savais-tu... ?

La pythie de Delphes inspirait de la fumée en faisant brûler les feuilles de certains arbres pour mieux voir l'avenir. Les feuilles exhalaient une drogue qui la mettait en transe.

Mais à l'oracle de Corinthe il y avait des tricheurs. Il était possible d'y parler directement à un dieu ! On s'adressait à l'autel... et une voix retentissait sous vos pieds en donnant la réponse.

Un miracle ? C'est ce que croyaient les visiteurs. Mais aujourd'hui, les archéologues ont compris. Ils ont découvert un tunnel secret menant derrière l'autel. En rampant, un prêtre pouvait venir s'installer sous les pieds des visiteurs. Il entendait les questions et répondait en parlant à travers un conduit dans le tunnel.

Les superstitions grecques

Les Grecs comprenaient les penseurs les plus brillants de l'Antiquité. Mais sur certains sujets, ils avaient des croyances bizarres.

Aujourd'hui, les gens n'aiment pas passer sous une échelle parce que ça porte malheur, ou ils touchent du bois pour se porter chance. Les Grecs avaient eux aussi leurs superstitions. Ils croyaient que...

1. Les oiseaux étaient des messagers entre la terre et le ciel, et que la lune était le lieu de repos des esprits en route pour le paradis.

2. Pour les Grecs, Hécate était la déesse de la magie et des carrefours. Elle apparaissait aux carrefours au clair de lune, accompagnée de fantômes et de chiens fantômes hurlant à la mort. Les Grecs laissaient à manger pour elle aux carrefours. (Ils invoquaient aussi son aide contre la folie – ils pensaient que la folie était provoquée par les esprits des morts.)

3. Ils examinaient les entrailles des oiseaux pour y lire l'avenir.

4. Ils pensaient aussi qu'ils étaient environnés d'esprits appelés «démons». Certains étaient de «bons démons» et vous protégeaient ; d'autres vous entraînaient à faire le mal. Même les gens brillants comme Socrate croyaient aux *démons*. Son propre *démon* l'avait averti d'ennuis à venir... et ne l'avait jamais trompé.

5. Les Grecs conservaient parfois des cadavres dans des vases funéraires appelés *pithos*. Mais parfois, disaient-ils, les esprits des morts quittaient les vases pour aller porter aux vivants la mort et la maladie. Ces esprits mauvais étaient appelés *keres*. Le meilleur moyen d'empêcher les *keres* d'entrer chez soi était de badigeonner de goudron les encadrements des portes. Les *keres* se collaient au goudron et ne pouvaient plus entrer.

6. Les Grecs croyaient que si l'on voyait en rêve son reflet dans un miroir, c'était signe qu'on mourrait bientôt. Mais ne t'inquiète pas, on ne tardait pas à renaître. Pour certains Grecs, tu es constitué de trois éléments...

- le corps
- l'âme
- l'esprit

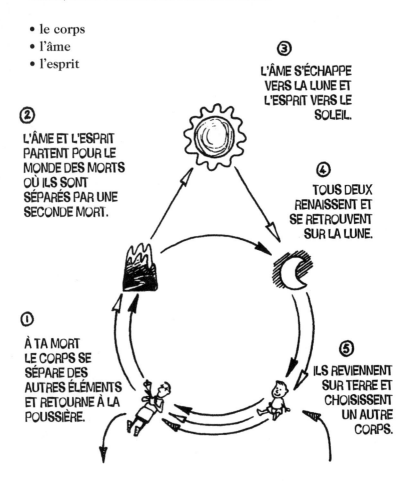

② L'ÂME ET L'ESPRIT PARTENT POUR LE MONDE DES MORTS OÙ ILS SONT SÉPARÉS PAR UNE SECONDE MORT.

③ L'ÂME S'ÉCHAPPE VERS LA LUNE ET L'ESPRIT VERS LE SOLEIL.

④ TOUS DEUX RENAISSENT ET SE RETROUVENT SUR LA LUNE.

① À TA MORT LE CORPS SE SÉPARE DES AUTRES ÉLÉMENTS ET RETOURNE À LA POUSSIÈRE.

⑤ ILS REVIENNENT SUR TERRE ET CHOISISSENT UN AUTRE CORPS.

7. Ils croyaient aussi que le côté gauche était mauvais, et le droit bon. Beaucoup de gens y croient encore aujourd'hui – ils essaient de forcer les enfants gauchers à écrire de la main droite, par exemple.

Pythagore le loufoque

Le célèbre professeur Pythagore mit au point sa propre religion. Les pythagoriciens croyaient que l'âme vivait après la mort et prenait place dans un autre corps. Pythagore vit un jour un homme en train de battre son chien qu'il entendit gémir. Il s'adressa ainsi à l'homme...

ARRÊTE ! ARRÊTE ! C'EST MON MEILLEUR AMI ! JE RECONNAIS SA VOIX !

En fait, il valait mieux ne pas avoir affaire à des bouchers ou à des chasseurs – en tuant une vache ou un cerf, ils étaient peut-être en train d'assassiner votre mère décédée.

Ils pensaient aussi que s'ils se comportaient bien, ils pourraient se réincarner en un grand personnage. S'ils étaient mauvais, ils se réincarneraient sous une forme peu avenante, celle d'un cochon, d'un chien, ou même d'un arbre. Et s'ils étaient vraiment, vraiment méchants, ils reviendraient sur terre sous la pire des formes... celle d'une femme !

Les pythagoriciens vivaient différemment des autres Grecs et avaient de drôles de règles. Ton prof a-t-il de drôles de règles ? Demande-lui lesquelles de ces règles étaient celles de Pythagore.

Vrai ou faux

1. Ne mange pas de haricots secs.

2. Ne marche pas dans la rue principale.

3. Ne touche pas le feu avec un tison en fer.

4. Ne touche pas un coquelet blanc.

5. Ne mange pas le cœur d'un animal.

6. Ne marche pas sur tes rognures d'ongles.

7. Ne laisse pas la marque de ton corps dans un lit quand tu te lèves.

8. Ne te regarde pas dans un miroir à côté d'une lampe.

9. Aide quelqu'un à charger quelque chose – mais pas à décharger.

10. Ne te cure pas le nez avec les doigts de la main gauche.

> Réponse : Le 10 est faux. Tous les autres sont vrais. Certains Grecs pensaient que les haricots secs abritaient les âmes des morts et qu'il ne fallait pas en manger.

Des fantômes grecs

Les Grecs ont inventé les histoires de fantômes. Mais c'est un Romain, Pline, qui a écrit celle qui suit.

Cher Lucias,

On vient de me raconter cette histoire étrange qui va peut-être
t'intéresser.

À Athènes, il y avait autrefois une grande et belle maison qui
était censée être hantée. Les voisins racontaient qu'on entendait la
nuit des bruits horribles : celui de chaînes qui s'entrechoquaient
de plus en plus fort. Jusqu'à ce qu'apparaisse tout à coup
l'horrible fantôme d'un vieil homme, le portrait même de la crasse
et de la misère. Sa barbe était longue et emmêlée, ses cheveux
en désordre. Ses jambes maigres portaient le poids de chaînes qu'il
traînait péniblement en gémissant ; ses poignets étaient liés par
des liens cruels, et il ne cessait de lever les bras en secouant
ses chaînes dans une sorte de rage impuissante.

Quelques personnes courageuses eurent une fois la témérité
de passer toute une nuit dans la maison. Ils furent terrifiés
à la vue de l'esprit. Pire, la maladie et même la mort
poursuivirent ceux qui avaient osé passer une nuit dans la
maison. On évitait les lieux. Une pancarte « À vendre » fut posée,
mais personne ne l'acheta et la maison tomba presque en ruines.

Mais Athénodore était pauvre. Bien que connaissant l'histoire
du fantôme, il loua la maison. La première nuit, il veilla pour
travailler. Il entendit le cliquetis des chaînes et vit le terrifiant
vieillard. Le fantôme lui fit signe d'approcher. Athénodore lui dit
qu'il était occupé. Le fantôme se mit en colère et secoua
ses chaînes. Le jeune homme se leva et suivit l'esprit.

Une fois dans le jardin, le fantôme désigna un endroit précis -
puis disparut. Athénodore marqua l'endroit, alla se coucher
et dormit d'un sommeil paisible.

Le lendemain il alla voir les officiers de la loi et leur raconta
ce qui s'était passé. Ils creusèrent à l'endroit indiqué et
trouvèrent un squelette... enchaîné.

Le corps reçut une sépulture, et la paix revint la nuit
dans la maison.

                                        Pline

Penser comme un Grec

L'été de 413 avant J.-C. fut pour l'armée d'Athènes un été difficile. Ils essayaient de battre Syracuse en l'assiégeant. Mais l'un de leurs chefs avait été tué et l'autre Nicias, souffrait d'une forte fièvre.

Les Athéniens, d'un commun accord, décidèrent de plier bagage et de rentrer chez eux. Mais cette nuit-là, nuit de pleine lune, il y eut une éclipse. Les soldats prirent cela pour un signe des dieux.

Un signe de catastrophe, selon certains. Le signe qu'ils devaient rester... ou partir ? Ils n'arrivaient pas à s'entendre. Ils interrogèrent leur chef, Nicias.

« Abandonnons l'idée de rentrer. Il faut attendre la prochaine pleine lune » répondit Nicias.

Il attendit vingt-sept jours. Que se passa-t-il ?

1. Nicias mourut et l'armée se replia.

2. Ils allèrent au désastre.

3. L'armée de Syracuse capitula.

Réponse : **2.** Les vingt-sept jours supplémentaires permirent aux Syracusiens de barrer le fleuve par une chaîne de bateaux. Les bateaux athéniens ne pouvaient plus passer pour rentrer chez eux. L'armée fut obligée de passer par la terre ferme. L'ennemi les attendait et l'armée athénienne fut décimée. Ceux qui furent épargnés furent réduits en esclavage. Ce fut la fin du grand État d'Athènes... tout ça à cause d'une éclipse de lune et des superstitions d'un général grec.

VIVRE COMME UN GREC

L'échiquier de Polybe

Les Grecs étaient très doués pour les chiffres. Polybe, né en 200 avant J.-C., était un historien grec vivant à Rome. Il faisait partie des mille otages emmenés à Rome en 168 avant J.-C. Ses principaux ouvrages recouvrent quarante volumes, mais il trouva aussi le temps d'inventer ce code, connu sous le nom d'échiquier de Polybe.

À chaque lettre correspondent deux chiffres – un horizontal, suivi d'un vertical. Ainsi, B est 1-2, et F 2-1. Le mot « oui » est 34 45 24. Pigé ?

	1	2	3	4	5
1	A	B	C	D	E
2	F	G	H	I/J	K
3	L	M	N	O	P
4	Q	R	S	T	U
5	V	W	X	Y	Z

Maintenant celui-ci...
31 15 35 23 24 31 34 43 34 35 23 15 22 42 15 13 11 33 11
53 24 32 11 33 14 42 15 24 33 44 42 34 14 45 24 43 24 44
15 33 22 42 15 13 15 31 15 35 42 15 32 24 15 42 13 11 14
42 11 33 43 34 31 11 24 42 15

Le savais-tu ?

L'échiquier de Polybe aurait pu être un bon système pour envoyer des codes secrets. Mais un Grec dénommé Histiaeus en trouva un encore meilleur !

Emprisonné par les Perses, il fut autorisé à envoyer une lettre à son cousin Aristagoras. Les Perses examinèrent le message. Ils n'y découvrirent ni code ni sens caché. Il s'agissait d'une lettre des plus anodines. Ils laissèrent donc un esclave porter la lettre à Aristagoras.

À peine arrivé, l'esclave dit à Aristagoras : « Rase-moi la tête. » Aristagoras rasa la tête de l'esclave, sur laquelle était tatouée le vrai message. « Soulève une rébellion contre les Perses ». Pas mal, non ?

78

Fabrique un appareil photo à sténopé

Les Grecs ont inventé des mécanismes astucieux qui nous servent encore. L'un des plus brillants est la *camera oscura* – ou appareil photo à sténopé. Un artiste grec recouvrit une fenêtre d'un matériau sombre où il perça un petit trou. Une image renversée de la scène apparut sur le mur de la pièce et l'artiste put la redessiner.

Tu peux essayer de faire ta propre version en plus petit :

1. Fabrique une boîte en carton noir de 20 x 10 x 10 cm.

2. Couvre un côté de papier noir percé d'un petit trou.

3. Couvre le côté opposé de papier aluminium.

4. Place ta boîte devant une scène éclairée.

5. La scène sera « projetée » sur le papier aluminium.

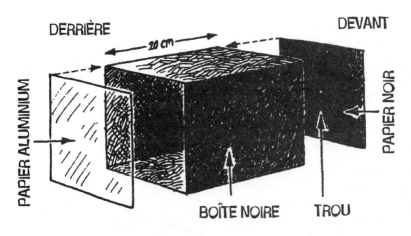

Remarque : L'image apparaîtra à l'envers, fais le poirier pour avoir une meilleure vision !

Des drachmes à gogo

Les Grecs avaient des banques. Il ne semble pas y avoir eu de voleurs de banque... mais il y avait de gros détournements. Voici comment s'y prendre...

1. Va à la banque et dis : « J'ai besoin de dix mille drachmes pour acheter un bateau. J'y transporterai du blé que je vendrai de l'autre côté de la Méditerranée. Au retour, avec l'argent de la vente, je vous rembourserai. »

2. La banque accepte. Les banques grecques acceptent même de ne pas réclamer l'argent si le bateau coule (et tout l'argent avec).

3. Achète un bateau à bas prix dans lequel tu mets un peu de blé. Dépense cinq mille drachmes et mets de côté les cinq mille qui restent.

4. Quand le bateau atteint la pleine mer, scie la coque au fond du bateau. Il va couler.

5. Saute à bord du canot de sauvetage, rame jusque chez toi et dis à la banque : « Désolé, vous avez perdu vos dix mille drachmes ! », et rigole bien parce que tu as gagné cinq mille drachmes vite fait, rien qu'en te mouillant les pieds.

Bonne idée, hein ? Et ça a presque marché pour le sournois armateur Hégéstrate et son partenaire Zénothémis. Mais tout a raté à l'étape 4.
Une nuit, pendant que Zénothémis occupait les passagers en bavardant sur le pont, Hégéstrate se glissa au fond du bateau pour en scier le fond.

L'un des passagers entendit le bruit et descendit voir ce qui se passait. Hégéstrate, pris sur le fait, s'enfuit. Il courut sur le pont et sauta dans le canot de sauvetage. Ou plus exactement il *essaya* d'y sauter. Il faisait noir. Il manqua le canot, tomba dans la mer... et s'y noya. Bien fait pour lui.

Le bateau revint à quai, la banque força Zénothémis à rembourser l'argent et Hégéstrate finit mort... pas riche.

Un châtiment pour chaque crime

Alexandrie était une ville égyptienne sous domination grecque. Vers 250 avant J.-C., la ville disposait d'un ensemble de lois qui peuvent te donner une idée de la façon dont fonctionnait le droit grec.

Peux-tu faire correspondre le crime au châtiment ? N'oublie pas que les lois n'étaient pas toujours justes, notamment pour les esclaves.

Crime	Châtiment
1. Un homme libre frappe un homme ou une femme libre.	**a)** Cent coups de fouet
2. Un esclave frappe un homme ou une femme libre.	**b)** Amende de cent drachmes
3. Une personne ivre insulte quelqu'un.	**c)** Cent coups de fouet
4. Un homme libre en menace un autre avec un objet en bois, en fer ou en bronze.	**d)** Amende de cent drachmes
5. Un esclave en menace un autre avec un objet en bois, en fer ou en bronze.	**e)** Amende de deux cents drachmes

Si un maître voulait éviter à son esclave les cent coups de fouet, il payait deux cents drachmes, deux drachmes par coup. Pour contester une amende, on pouvait aller en procès. Mais attention. Si on perdait, on payait le double pour un crime de type 1 et le triple pour un crime de type 4.

Pauvres femmes

Être esclave en Grèce ancienne n'était pas très rigolo. Être une femme n'était pas très cool non plus. À Sparte, les femmes vivaient comme les hommes, à Athènes, comme les esclaves. On leur disait ce qu'elles devaient faire et ne pas faire, et elles n'avaient aucune des libertés dont profitaient les hommes libres...

LE GUIDE DE LA BONNE GRECQUE

UNE FEMME DOIT	UNE FEMME NE PEUT PAS
• RESTER À LA MAISON	• VOTER
• ÊTRE ÉLEVÉE AVEC LES ESCLAVES ET APPRENDRE LES TÂCHES MÉNAGÈRES	• VENDRE OU ACHETER QUOI QUE CE SOIT VALANT PLUS QU'UNE POIGNÉE D'ORGE
• APPRENDRE À FILER, TISSER, CUISINER ET SUPERVISER LES ESCLAVES	• POSSÉDER AUTRE CHOSE QUE DES VÊTEMENTS, DES BIJOUX ET DES ESCLAVES
• SE MARIER À L'ÂGE DE 15 ANS AVEC L'HOMME CHOISI PAR SON PÈRE	• SORTIR DE LA MAISON, SAUF POUR ALLER VOIR D'AUTRES FEMMES OU SE RENDRE À UNE FÊTE RELIGIEUSE
• ADORER LA DÉESSE HESTIA	

Relax, les filles

Les femmes d'Attique, aux environs d'Athènes, ne menaient pas la même vie que les Athéniennes. Elles aidaient leurs maris aux champs. Elles avaient aussi une drôle de manière de préparer leurs filles au mariage.

Vers 13 ans, les filles allaient à Brauron au temple de la déesse Artémis. Elles s'y préparaient à être des femmes responsables et de bonnes épouses. En quoi faisant ?

1. En apprenant à utiliser un arc et des flèches, à lancer des javelots, à réparer des armures et à aiguiser des épées.

2. En priant la déesse qu'elle leur accorde la sagesse, et en apprenant des formules pour rendre leurs maris heureux.

3. En courant et en dansant nues dans les bois en faisant semblant d'être des ourses.

Réponse : 3. L'idée était qu'elles se défoulent avant de s'installer dans le mariage. Le temple de Brauron eut beaucoup de succès auprès des jeunes filles grecques entre 370 et 380 avant J.-C.

Toutefois, les filles, n'essayez pas de les imiter sur votre lieu de culte habituel. Vous n'y gagneriez qu'une pneumonie, ou de vous faire arrêter, ou prendre en photo par les garçons de votre classe… ou les trois à la fois.

ÇA COMMENCE À BIEN ME PLAIRE, L'HISTOIRE GRECQUE.

Habille-toi comme un Grec

Au lieu de courir nu dans les bois, tu peux te faire une petite idée de ce que c'était qu'être grec en t'habillant comme eux. Voici une tenue cool et facile à faire que tu peux essayer :

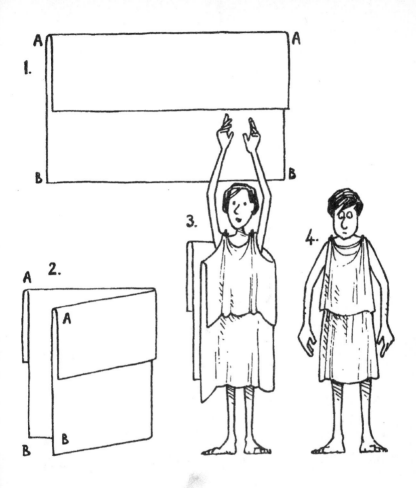

(Avertissement : ne convient pas en hiver.)

1. Plie un tissu rectangulaire comme indiqué – ne prends pas les draps de maman, plutôt ceux de papa.

2. Plie-le à nouveau.

3. Enroule-le autour de ton corps et attache-le aux épaules – les Grecs n'avaient pas d'épingles de sûreté, mais tu peux tricher.

4. Fixe le côté ouvert par des épingles à nourrice. Attache une ceinture autour de ta taille. Voir dessin 4.

5. Tu peux maintenant te montrer en public. Essaie de courir et tu comprendras pourquoi ils les enlevaient pour faire du sport.

Ce type de tenue est connu sous le nom de « chiton ». Les femmes en portaient des semblables, mais les leurs descendaient jusqu'à la cheville.

Mets ton prof à l'épreuve

Les profs ne savent pas tout – ils veulent juste que tu le croies. Teste leurs connaissances avec ces quelques questions sur les Grecs...

1. Aristote le grand professeur grec était friand d'une viande. Laquelle ?
a) Le chameau
b) La dinde
c) Le foie de cheval

2. Le grand auteur de théâtre Eschyle est censé avoir trouvé la mort parce qu'un aigle avait laissé tomber quelque chose sur sa tête. Était-ce :
a) Une tortue
b) Un lièvre
c) Une pierre

UN LIÈVRE SUR LA TÊTE

3. Outre les Jeux olympiques, il existait des jeux à Isthme. Les vainqueurs des jeux d'Isthme étaient récompensés par une couronne. De quoi était-elle faite ?

a) De céleri
b) De rhubarbe
c) D'or

4. Avant Aristote, les Grecs avaient une drôle de croyance au sujet des éléphants. De quoi s'agissait-il ?

a) Un éléphant n'a pas de rotule et doit s'appuyer sur un arbre pour dormir.
b) Un éléphant n'oublie jamais rien.
c) Manger de la chair d'éléphant rend fort.

5. Quel sport d'équipe encore joué aujourd'hui les Grecs appréciaient-ils ?

a) Le hockey
b) Le football
c) Le volley-ball

6. Le professeur grec Gorgias soutenait que « rien n'existe »... pas même lui. Ça a bien failli être le cas. Il est né dans des circonstances peu ordinaires. Où est-il né ?

a) Dans le cercueil de sa mère morte.
b) Dans une tempête de neige en montagne.
c) À bord d'un bateau en perdition.

7. On testait l'entraînement militaire des jeunes Spartiates en leur faisant faire quoi pour leur cité ?

a) Ils entraient dans la police secrète et tuaient les agitateurs.
b) Ils réparaient les routes et nettoyaient les rues.
c) Ils devenaient serviteurs et cuisiniers dans des asiles pour personnes âgées.

8. Jusqu'où alla l'explorateur grec Pythéas ?

a) En Angleterre et en mer du Nord

b) En Crète, dans le bassin méditerranéen

c) En Amérique et dans l'Atlantique

9. Les Grecs inventèrent une nouvelle arme au IVᵉ siècle avant J.-C. Ils mettaient le feu à des liquides inflammables qu'ils lançaient sur des cités ou de bateaux ennemis. Comment s'appelle cette arme ?

a) Le feu grégeois

b) La vengeance de Zeus

c) Le danger embrasé

10. On éparpillait sur les tombes une plante sacrée. Mais elle n'est plus considérée comme telle aujourd'hui. Était-ce :

a) Du persil

b) Du chou

c) De l'ail

Teste-toi

Maintenant à toi. Trouve les passages qui vont ensemble pour donner les bonnes réponses…

A	B	C
L'auteur de théâtre Eschyle	inventa une nouvelle arme appelée	le hockey.
La plante sacrée	naviga jusqu'à	chameau.
Aristote, le grand professeur grec,	mourut en recevant sur la tête	les éléphants dormaient appuyés contre un arbre.
En Grèce un sportif	est né dans	une tortue.
Un marin grec	éparpillée sur les tombes était	la police secrète.
À Sparte, un jeune homme	pratiquait comme sport d'équipe	du céleri.
L'explorateur grec Pythéas	gagnait une couronne faite avec	le feu grégeois.
Le professeur grec Gorgias	croyait que	la mer du Nord.
Le vainqueur des Jeux d'Isthme	suivait un entraîne-ment dans	du persil.
Un ancien Grec	appréciait la viande de	le cercueil de sa mère.

MOURIR COMME UN GREC

Alors, docteur ?

Le premier docteur grec est censé avoir été Asclépios. Mais comme il était aussi censé être le fils d'un dieu, il n'a probablement jamais existé.

En revanche ses adeptes ont bel et bien existé. Ils ne travaillaient pas dans un hôpital, mais dans un temple. La plupart des patients guérissaient grâce au repos, au sommeil et à une alimentation saine. Mais les adeptes d'Asclépios, qui voulaient que les gens les prennent pour des dieux, leur faisaient dire des prières et accomplir des sacrifices.

Le temple d'Asclépios à Épidaure était célèbre parce que personne n'y mourait jamais ! Comment s'y prenaient-ils ? Ils rusaient. Si quelqu'un était mourant à son arrivée, on ne l'acceptait pas. Et si quelqu'un commençait à dépérir une fois entré, on s'en débarrassait au fond des bois.

Les prêtres-médecins ne s'intéressaient qu'à l'argent. Ils prévenaient les patients que s'ils ne payaient pas, les dieux les feraient rechuter. Et ils faisaient de la publicité. Des inscriptions gravées sur des ruines attestent qu'ils se vantaient de grandes choses...

UN HOMME AVEC UN SEUL ŒIL EST VENU AU TEMPLE. LA NUIT, LES DIEUX LUI ONT FROTTÉ LA PAUPIÈRE AVEC UN ONGUENT, ET IL S'EST RÉVEILLÉ AVEC DEUX YEUX.

OFFRE SPÉCIALE AU TEMPLE – DEUX POUR LE PRIX D'UN.

ARETE, UNE SPARTIATE, AVAIT DE L'EAU DANS LE CERVEAU. ASCLÉPIOS LUI A COUPÉ LA TÊTE POUR VIDER L'EAU. PUIS IL A HABILEMENT RECOUSU LA TÊTE.

GÉNIAL. DOMMAGE QU'IL SE SOIT TROMPÉ DE TÊTE.

HERAMUS DE MÉTYLÈNE ÉTAIT CHAUVE. ON SE MOQUAIT DE LUI. ASCLÉPIOS LUI A MASSÉ LE CRÂNE AVEC UN ONGUENT ET IL S'EST RÉVEILLÉ AVEC UNE ÉPAISSE CHEVELURE NOIRE.

PENSE À LUI DONNER UN BOL DE LAIT PAR JOUR, ET TIENS-LE ÉLOIGNÉ DES SOURIS.

Avec le temps, les temples devinrent de vraies écoles de médecine. Puis survint le grand Hippocrate (460-377 avant J.-C.) qui réfuta les guérisons magiques venant des dieux. Il croyait à l'étude du corps et à l'expérimentation.

Hippocrate était si génial qu'aujourd'hui encore les médecins prêtent le serment d'Hippocrate (bien qu'il ait été modifié au XXᵉ siècle) et promettent : « Je ne donnerai pas de médicament mortel à un patient même s'il le demande... Je ferai usage des traitements pour venir en aide aux malades, jamais pour faire le mal. »

Pourrais-tu passer le serment d'origine ? Pour cela, il faudrait que tu jures...

Mais Hippocrate n'était pas parfait. Il annonça que le corps comptait quatre-vingt-onze os – et nous savons qu'il en a deux cent six !

Il croyait aussi aux saignées. Un jeune homme à l'estomac perturbé fut saigné par Hippocrate jusqu'à être presque vidé de son sang... et il se remit !

L'un des tests pour une maladie des poumons consistait à secouer le patient, et à écouter le bruit que ça faisait.

Le vieil Hippo était un peu pleurnichard. Il se plaignait de ce que « si l'état d'un patient empire, ou s'il meurt, c'est toujours la faute du médecin. »

En fait, il avait de quoi se plaindre compte tenu de ce qu'il faisait. Hippo prélevait des échantillons de :

• vomi
• cire d'oreille
• larmes
• crottes de nez
• urine
• pus

... et il les analysait. Pas dans un laboratoire à l'aide de produits chimiques comme le font les médecins d'aujourd'hui. Comment les analysait-il ?

1. Par la couleur
2. En les faisant bouillir dans du jus de rhubarbe
3. En les goûtant

Réponse : 3. L'échantillon était goûté soit par le médecin, soit par le patient.

Hippo et ses adeptes pratiquaient aussi la trépanation pour drainer les liquides hors du cerveau. Mais il n'était pas le premier... On a découvert que cette opération était pratiquée à l'âge de pierre. (Aimerais-tu être opéré avec une hache en silex ?)

Les Grecs, par superstition, gardaient le morceau d'os comme porte-bonheur. Il était censé protéger contre la maladie.

Mais Hippo disait des choses que les docteurs disent encore tous les jours à leurs patients...

Les gros meurent plus vite que les minces.

Hippo disait aussi comment les docteurs devaient se comporter...

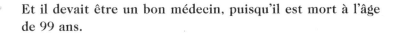

Un docteur doit se garder de trop grossir.
Quelqu'un qui ne prend pas soin de lui-même ne
devrait pas être autorisé à prendre soin des autres.
Il doit aussi être propre, décemment vêtu et se
parfumer avec discrétion. C'est agréable pour
les patients à qui il rend visite.
Il ne doit pas avoir l'air sinistre, ni trop gai –
dans le premier cas il inquièterait le patient et,
dans le second, il pourrait passer pour un idiot.

Et il devait être un bon médecin, puisqu'il est mort à l'âge de 99 ans.

Un monstre de la médecine

Tous les docteurs n'étaient pas aussi bons et altruistes qu'Hippocrate. Ménécrate de Syracuse était avide et cruel. Il recherchait surtout les cas graves, qui lui permettaient de faire chanter les patients.

Du fumier médicinal

Bien sûr, si on ne voulait pas aller voir un docteur comme Ménécrate, on pouvait toujours essayer de se soigner soi-même. C'est ce que fit le grand penseur Héraclite.

Il souffrait d'hydropisie – une maladie qui fait gonfler parce qu'on a trop de liquide dans le corps. Il décida de tester ses médecins en leur soumettant des énigmes. « Comment provoquer la sécheresse à partir d'un temps pluvieux ? » Les médecins l'ignoraient – moi aussi. Et toi ?

Héraclite décida donc de se soigner tout seul. Il se dit que le meilleur moyen de se débarrasser d'un surplus de liquide était la chaleur. Dans la cour de sa ferme, il y avait un tas de fumier. Le centre du tas de fumier était chaud.

Héraclite s'enfouit jusqu'au cou dans le fumier... et mourut.

Avertissement : Ne tente pas l'expérience. Si le fumier ne te tue pas, c'est ta mère qui s'en chargera – et tes amis ne t'adresseront plus la parole tant que tu n'auras pas pris cent cinquante bains.

Le péril de la peste

La peste était une maladie que les docteurs ne savaient pas soigner. La peste qui tua des centaines d'Athéniens en 430 avant J.-C...

• venait sans doute d'Égypte,

• fut si soudaine que la rumeur se répandit que des ennemis avaient empoisonné les citernes,

• commençait par des migraines et une irritation des yeux,

• rendait la respiration difficile et la gorge rouge,

• faisait éternuer,

• provoquait des vomissements quand la maladie atteignait l'estomac,

• donnait des fièvres si fortes que les victimes ne supportaient plus d'être habillées,

• donnait tellement soif que certains malades se précipitaient dans les puits,

• provoquaient des taches sur tout le corps,

• était généralement mortelle,

• provoquait souvent l'amnésie chez ceux qui avaient la chance d'en réchapper.

D'ordinaire, les oiseaux de proie ne s'approchaient pas des cadavres qui attendaient d'être enterrés. Ceux qui le faisaient en mouraient.

L'historien Thucydide raconte...

> *Les gens mouraient, qu'ils soient soignés ou pas. Ce qui sauvait l'un, tuait l'autre. Certains l'attrapèrent en aidant les malades, et tous mouraient comme du bétail. C'était la première cause de décès. Les cadavres s'entassaient et les agonisants rampaient dans les rues et autour des puits dans leur soif inextinguible.*

Certaines familles enterraient leurs morts. Thucydide raconte aussi que certains déposaient en passant leur mort sur le bûcher d'un autre... et partaient en courant !

Des médecins mortels 1

Le roi grec Pyrrhus avait un médecin mortel. En 278 avant J.-C., celui-ci écrivit aux Romains en ces termes...

CHER FABRICIUS,

JE SUIS LE DOCTEUR DE PYRRHUS. SI VOUS ME PAYEZ, JE PEUX EMPOISONNER LE ROI.

Mais Fabricius renvoya aussitôt la lettre à son ennemi Pyrrhus en expliquant...

SALUT À TOI, ROI PYRRHUS,

TU AS MAL CHOISI TES AMIS ET TES ENNEMIS. TU ES EN GUERRE CONTRE DES HOMMES HONNÊTES, ET TU T'ENTOURES D'HOMMES MAUVAIS ET INFIDÈLES. COMME TU LE VERRAS DANS CETTE LETTRE, QUELQU'UN DANS TON CAMP VEUT T'EMPOISONNER. NOUS TE PRÉVENONS CAR NOUS NE VOULONS PAS NOUS RENDRE COUPABLES D'UNE ACTION SI VILE. NOUS VOULONS MENER CETTE GUERRE AVEC HONNEUR SUR LE CHAMP DE BATAILLE.

FABRICIUS

Le roi Pyrrhus trouva le traître et rendit au docteur la monnaie de sa pièce en le faisant exécuter. Il fut si reconnaissant aux Romains qu'il fit libérer des prisonniers romains sans exiger de rançon.

Des médecins mortels 2

À défaut d'empoisonner un roi ennemi, on peut toujours *l'empêcher* de prendre les médicaments qui le guériraient. Comment ? En lui *disant* que son médecin est en train de l'empoisonner, même si c'est faux !

C'est ce que fit Darios à son ennemi Alexandre le Grand. Alexandre, malade, reçut une lettre du traître Parménion. Comme le message de Fabricius, elle disait…

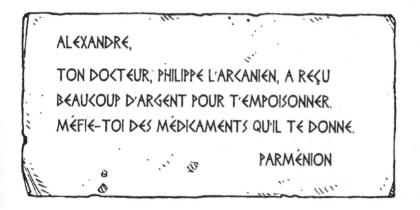

Ce soir-là, le docteur Philippe arriva avec une coupe contenant le médicament. Alexandre avait posé la lettre à côté de son lit. Était-ce vraiment du poison ?
Alexandre fit quelque chose de très courageux. Il tendit la lettre au médecin, tout en vidant d'un trait le breuvage médicamenteux.

Philippe fut stupéfié. « Mais comment sais-tu que ce n'est pas du poison ? demanda-t-il.

– Je ne le sais pas, lui répondit Alexandre. Mais je connais les hommes. Et je sais que jamais tu ne me trahirais, mon ami. » Et Alexandre se rétablit. Les docteurs n'étaient pas tous des traîtres calculateurs.

Un mystère médical

Quel est le « docteur » qui voyagea dans le temps pour aider les Grecs à Troie ? (Piste : il leur donna l'idée du cheval de bois.)

Réponse : Le docteur Who dans le feuilleton anglais des années quatre-vingt. (Le docteur Kirk du Vaisseau Entreprise a aussi fait un saut dans le temps jusqu'à Troie dans un épisode de Star Trek : mais il a préféré ne pas intervenir. Apparemment, Troie grouillait de voyageurs dans le temps. Étrange qu'Homère n'en ait pas parlé dans ses poèmes !)

UN CHEVAL DE BOIS, TU DIS.
C'EST UNE BIEN MEILLEURE IDÉE.
ON AVAIT PENSÉ À UN HÉRISSON.

LES JOIES DES JEUX OLYMPIQUES

Les Grecs adoraient la compétition. Les premiers Jeux olympiques étaient de simples courses à pied. Au tout début, ils ne comportaient qu'une seule course sur 180 mètres, soit la longueur d'un stade.

Une deuxième course – deux fois plus longue – fut ajoutée aux quatorzièmes Jeux olympiques, et une plus longue aux quinzièmes Jeux quatre ans plus tard. D'autres épreuves furent ajoutées et les Jeux se prolongèrent à cinq jours. Il y avait même des Jeux juniors pour les enfants.

• Mauvaise nouvelle, les filles… les femmes n'avaient pas le droit de participer… ni même d'y assister.

• Mauvaise nouvelle, les gars… les hommes n'avaient pas le droit de porter de vêtements.

Choisis ton champion

Si tu décides d'organiser une épreuve olympique contre la classe d'à côté, il faut d'abord organiser une épreuve au sein de ta classe pour déterminer le champion qui va vous représenter. Puis, tu iras soutenir ton champion quand il affrontera ceux des classes rivales.

Voici comment procéder. Commence par choisir tes arbitres. Ils doivent s'entraîner pendant les dix mois qui précèdent les jeux. Et ils doivent être honnêtes. (Trouver un adulte honnête peut s'avérer difficile.) Définis l'heure et le lieu et laisse les champions se débrouiller.

• course à pied – 200 mètres

• double course à pied – 400 mètres

• saut en longueur à pieds joints – avec un poids d'un kilo dans chaque main pour mieux décoller

• lancer de palet

• lancer de javelot

Après l'épreuve...

1. Remets aux gagnants une couronne de branches d'olivier coupées dans un verger sacré. (Si tu ne peux pas trouver d'olivier, découpe des couronnes en carton dans un paquet de *corn flakes* sacré.)

2. Annonce à la foule assemblée le nom du vainqueur et sa nationalité. (Ou, plus simplement, appelle le journaliste du coin.)

3. Quand le vainqueur rentre chez lui, il passe par une brèche aménagée spécialement dans le mur de la cité. (Évite de démolir le mur de l'école. Il a son utilité – empêcher les élèves de s'échapper.)

4. Le vainqueur a droit à un traitement spécial – il est exempté d'impôts, ou mange gratuitement à la table du président jusqu'à la fin de ses jours. (Tu peux par exemple lui offrir la cantine gratuite à vie.)

5. N'oublie pas de consoler les perdants. Eux aussi sont des êtres humains. (Un lutteur célèbre, Thimante de Cléones, avait perdu sa force en vieillissant. Il en était si déprimé qu'il alluma un grand feu et se jeta dedans.)

Quelques épreuves olympiques que tu n'auras peut-être pas envie d'essayer

La course de mules – odeur désagréable

Le relais au flambeau – un peu chaud. Le dieu Prométhée avait volé le feu aux dieux pour le donner aux hommes. Mais ceux-ci durent fuir la colère des autres dieux. Ils partirent en courant avec des torches. Pour courir le relais olympique, on remplaçait les bâtons de relais par des torches enflammées, en souvenir de Prométhée. Si la torche s'éteignait, l'équipe perdait. Et si on saisissait la torche par le mauvais côté... ouille !

CE N'EST PAS POUR MA MAIN QUE JE M'INQUIÈTE !

La course de quadrige (char à quatre chevaux) – dangereux. Le poète Homère décrit un accident...

> *Eumélos fut projeté hors du char au niveau de la roue. Il s'écorcha les coudes, le nez et la bouche, et s'ouvrit le front au-dessus des sourcils. Ses yeux s'emplirent de larmes et sa voix puissante se tut.*

Un peu plus rude que tes matchs de foot à l'école, non ?

La course des hoplites – lourd, et pas très cool. Avec armes et armure, c'était une rude tâche – essaie un peu de courir avec deux poubelles fixées sur le dos et ça te donnera une idée.

Le concours des joueurs de trompette – assourdissant. **Le pancrace...** quoi ? Le pancrace était un mélange de boxe et de lutte. La seule règle était qu'il n'y avait pas de règle, à part l'interdiction de mordre et d'arracher les yeux. Il fallait juste aplatir l'adversaire. On pouvait...
• étrangler
• donner des coups de pied
• tordre les poignets
• sauter à pieds joints sur son adversaire.
Très bien quand on gagne. Plus désagréable quand on perd. La boxe – notre bonne vieille boxe ? Oui, de gentils petits coups de poing – sauf si on faisait ça à la manière grecque, comme dans l'horrible histoire de Creugas et de Damoxénos...

La Gazette grecque

20 oboles seulement
Creugas le cadavre décroche la couronne

Hier, lors du Championnat olympique poids lourds, Damoxénos, le Diable Destructeur) a battu son challenger Creugas... et perdu le titre !

Dans un spectaculaire combat, les deux hommes défendaient tous deux leur suprématie. Deux mille personnes assises dans l'herbe sous le soleil de l'après-midi assistaient au match. Ils ignoraient ce qui les attendait.

Sous les huées

Le grand Damoxénos, fut hué tandis qu'il arrivait sur la pelouse et faisait sangler de cuir ses poings puissants. Le beau Creugas fit son apparition sous les applaudissements. La voix du juge retentit dans le cercle de gazon.

« N'oubliez pas, sont autorisés les gifles à main ouverte, les coups de poing, les coups donnés du dos de la main, et les coups de pied. Pas de coups de tête. C'est bien compris ?

– Oui, répondirent Creugas d'une voix claire, et Damoxénos en grognant.

– Le combat se poursuit sans interruption jusqu'à ce que l'un des adversaires ait son compte, continua le petit arbitre. Si vous déclarez forfait, levez la main droite. Compris ? »

Damoxénos renifla. « Je n'aurai pas besoin de m'en souvenir. Je ne me rendrai pas. »

Le marteau

La foule hua à nouveau quand l'arbitre cria : « Boxez ! » Damoxénos s'avança et balança son poing tel un marteau à la tête de Creugas, mais le jeune homme esquiva et lança un coup de poing à la tête du champion.

Le combat se déroula sur ce schéma. Damoxénos se déplaçait pesamment, lançant d'énormes coups de poing sans atteindre le sautillant Creugas. Alors que la foule s'impatientait, le soleil se coucha et l'arbitre ordonna une pause.

« Il ne peut y avoir match nul, dit-il. L'issue sera décidée par un seul coup de poing frappé par chacun. »

Toi d'abord

La foule sembla approuver et se rapprocha pour mieux voir.

« Toi d'abord, la mauviette », grogna Damoxénos. Il attendait, les bras le long du corps. La foule retenait son souffle.

Creugas frappa un coup sec sur la tête de son adversaire, qui se contenta de rire. « À mon tour. »

Le jeune homme secoua la tête et attendit le coup qui allait sûrement l'assommer. Mais tel ne fut pas le cas.

C'est alors que le gros bœuf frappa cruellement Creugas sous les côtes, doigts tendus. Ses ongles acérés transpercèrent la peau du jeune homme. Puis il recommença. Cette fois il arracha les viscères de son adversaire.

La foule resta sans voix alors que Creugas, sans vie, s'écroulait.

Un tricheur

L'arbitre accourut. « Un seul coup était autorisé. Et tu en as porté deux, Damoxénos, sale tricheur. Tu es disqualifié. Je déclare Creugas vainqueur ! »

La foule acclama. Le nouveau champion n'était pas disponible pour faire des commentaires.

Son manager a déclaré : « Bon match. Le gamin a mérité cette victoire. On va fêter ça autour d'un verre. » Creugas laissera le souvenir d'un champion qui avait des tripes.

Le savais-tu ? Aux Jeux olympiques,

1. La triche était punie d'une amende. Les tricheurs devaient financer une statue du dieu Zeus en bronze. À Olympe, il y avait quantité de statues de Zeus bien avant la fin des Jeux. Il devait y avoir beaucoup de tricheurs.

2. La principale forme de tricherie consistait, en ayant un très bon attelage de chevaux pour la course de chars, à parier qu'on allait perdre. On s'arrangeait pour perdre en faisant semblant de fouetter les chevaux pour accélérer, alors qu'on tirait sur les rênes pour ralentir. Cette tricherie se pratique encore aujourd'hui.

3. Les Jeux olympiques grecs furent interdits par les vilains Romains. Les Romains n'aimaient pas beaucoup le sport lorsqu'ils conquirent la Grèce. Ils préféraient leurs propres « jeux »... comme les luttes à mort entre gladiateurs... et bâtirent d'immenses amphithéâtres pour les mettre en scène. Ils permirent aux Grecs de conserver les Jeux olympiques jusqu'en 394 après J.-C., où ils furent abolis par l'abominable empereur romain Théodose.

4. Les Jeux olympiques grecs comprenaient des compétitions de musique, des discours et du théâtre.

5. Les Jeux olympiques disparurent pendant 1 500 ans. Ils furent ressuscités en 1896 par Pierre de Coubertin, un jeune français, et depuis ont lieu tous les quatre ans. Les Jeux olympiques grecs avaient lieu en l'honneur de Zeus, et toutes les guerres cessaient durant les épreuves. Les Jeux passaient avant. Malheureusement, de nos jours, la guerre passe avant ; les Jeux ont été supprimés lors des deux guerres mondiales (1916, 1940, 1944).

6. Un cuisinier, Corœbos d'Élée, fut le premier vainqueur olympique répertorié.

7. Un jeune athlète, Pisidore, amena sa mère aux Jeux. Comme les femmes n'avaient pas le droit d'y assister, elle se fit passer pour son entraîneur.

8. ... Et à propos d'entraîneur, il y a pas mal de « Nike » aux Jeux modernes. Mais savais-tu que Nikê était la déesse de la victoire, qui veillait sur toutes les épreuves olympiques ?

9. Un terrain de sport mesurait un « stade » (600 pieds olympiques, soit 180 mètres) de long. C'est pourquoi nous avons aujourd'hui des « stades ». Les participants faisaient des allers-retours, et non des tours.

10. Le poète Homère a décrit une course entre Ulysse et Achille. Ulysse perdait et fit une prière à la déesse Athéna. Non seulement elle fit tomber Achille, mais il tomba la tête la première dans une bouse de vache. Il se releva en crachant de la bouse, et perdit, bien entendu.

UNE DRÔLE DE CUISINE

Des casse-croûte sacrificiels

Un sacrifice est *censé* être une offrande aux dieux. « Tenez, les dieux, un petit cadeau pour vous. Je suis sympa avec vous, alors vous serez sympas avec moi, d'accord ? »

Lorsque les Grecs sacrifiaient un animal à un dieu, ils le faisaient rôtir, puis le mangeaient. Un peu comme si tu offrais une boîte de chocolats à ta mère et que tu les engloutissais toi-même.

• Le plus grand honneur était de recevoir le cœur, les poumons, le foie ou les rognons rôtis de l'animal sacrifié.

• Les morceaux les meilleurs étaient partagés.

• Les restes étaient hachés et utilisés pour faire des saucisses ou du boudin – mais les gens importants n'en mangeaient pas.

• Il ne restait pas grand-chose à manger pour les dieux, évidemment. Juste la queue, les os des cuisses et la vésicule biliaire.

Les Grecs mélangeaient le sang et la graisse pour en farcir la vessie. Puis ils la faisaient rôtir et s'en régalaient. Voudrais-tu essayer pour voir ce que mangeaient les Grecs ? (Pas besoin de tout salir en sacrifiant une vache, non. Ça risquerait d'abîmer la moquette.) Va le commander chez ton boucher. Penses-tu qu'il te faut :

1. du steak haché

2. du boudin noir

3. de la chair à saucisse

Réponse : 2. Du boudin noir. Les Grecs le faisaient rôtir alors que nous le faisons plutôt revenir, mais il s'agit en fait de la même chose.

Le savais-tu ?

Dans la Grèce antique, les végétariens, au lieu de sacrifier des animaux, sacrifiaient des légumes – c'est plutôt cool, non ?

Milon le mâchouilleur

Milon de Crotone était un lutteur. Il ne se prenait pas pour n'importe qui. Avant une épreuve olympique, il fit le tour du stade avec un jeune taureau vivant sur les épaules.

Ce petit effort lui donna faim, alors il tua le taureau et le mangea. Le soir venu, il l'avait mangé en entier.

Mais peut-être y a-t-il à Olympe des dieux qui ont le sens de la justice. Parce qu'au bout du compte, Milon eut ce qu'il méritait. Très précisément.

Il recommença à se pavaner. Il fendit un tronc à main nue... mais sa main resta coincée dans la fente. Rien à faire, il n'arrivait pas à se libérer. Quand une meute de loups surgit, ils s'en léchèrent les babines.

Et que firent-ils à Milon ? Exactement ce qu'il avait fait au taurillon – à ceci près qu'ils ne prirent pas la peine de le rôtir avant de le manger.

Une piètre pitance

Les Grecs mangeaient la viande des sacrifices, mais en mangeaient rarement au quotidien. Un historien raconte : « Les repas des Grecs comportaient deux plats. Une sorte de bouillie, et une sorte de bouillie. »

La réalité n'était pas aussi terrible. La « bouillie » était une sorte de pâte faite avec des lentilles, des haricots et du blé écrasés avec de l'huile – végétale, pas de l'huile de moteur. Les paysans mangeaient des olives, des figues, des noix et du fromage de chèvre pour donner du goût. Ils buvaient de l'eau ou du lait de chèvre.

Vers 500 avant J.-C., les riches se mirent à manger plus de viande que les paysans – de la viande de chèvre, de mouton, de porc, ou de cerf – et à boire du vin. Mais que mangeaient-ils d'autre parmi les mets suivants ?

La soupe de Sparte

Ça ne t'aurait peut-être pas plu de vivre à Athènes et de manger des sauterelles et des grives. Mais ça aurait pu être pire. Tu aurais pu vivre à Sparte.

Les Spartiates préparaient une concoction infâme appelée « bouillon noir ». Ils faisaient une sorte de soupe avec du jus de viande de porc, du sel et du vinaigre.

Les commentaires des Athéniens sur l'alimentation à Sparte n'étaient pas tendres. Athénée écrit : « Les Spartiates prétendent être les plus courageux au monde. Pour manger ce qu'ils mangent, c'est sûrement vrai. »

Un autre Athénien remarque : « Pas étonnant que les Spartiates soient prêts à mourir sur le champ de bataille – la mort est plus agréable que devoir se nourrir comme ils le font. »

Un grec gastronome

Archestrate rédigea le premier livre de cuisine d'Europe. Écrit en vers, il était sans doute destiné à être lu lors des banquets – et non utilisé comme livre de recettes. Il livrait aux consommateurs et aux cuisiniers des conseils assez fantaisistes. Apparemment, Archestrate était un grognon aux opinions très tranchées sur certains aliments...

Le Saperde, ce poisson du Pont*
Est très insipide, et ne sent pas bon.
À qui le consomme je dirai tout net
Allez donc au diable, vous et cette sale bête !

*Ndt Région située dans l'actuelle Turquie.

Il avait aussi ses préférences. Il aimait dénigrer les plats populaires...

De manger du bœuf, certains sont contents
La vache ils préfèrent à toute autre chair.
Pour moi rien ne vaut de planter les dents
Dans le gras moelleux d'une panse de porc.

Mais Archestrate réservait ses pires méchancetés aux cuisiniers étrangers qui gâtaient les bons produits grecs...

Pour gâter vraiment nos si bons produits
Prenez dans la mer un bar frais pêché.
Confiez-le à un mauvais cuisinier,
Comme tous ceux-là qui viennent d'Italie.

Ceux de Syracuse ne valent pas mieux
Ils gâchent le bar, c'en est un outrage,
Avec marinades, ou sauce au fromage.
En hâte, fuyez des gens si piteux.

Encore heureux qu'il n'ait pas connu nos versions modernes des merveilles de la cuisine italienne. Il aurait pu écrire des horreurs comme...

Pour ces spaghettis achetés en boîte
Dans le vide-ordures, ils finiront.
Quant à ces pizzas au goût cartonneux
Sans plus insister, aux chiens elles iront.

GRANDIR EN GRÈCE

Sale temps pour les bébés

De 500 à 200 avant J.-C., on soumettait les bébés à une pratique rituelle. Aurais-tu survécu ?

Le père examine le bébé. Est-il sain ?
Oui Va en **1**.
Non Va en **2**.
Sans opinion Va en **5**.

1. Si tu as trop de garçons, ta terre sera divisée à ta mort. Trop de filles coûtent cher. Veux-tu quand même le garder ?
Oui Va en **6**.
Non Va en **2**.

2. Mets le bébé dans une jarre (un *pithos*) et abandonne-le dans la montagne. Ça t'ennuie ?
Oui Va en **4**.
Non Va en **3**.

3. Le bébé meurt avant l'âge d'une semaine.

4. Préviens un couple sans enfant. Ils le prendront avant qu'il ne meure de froid ou dévoré par les loups. L'enfant se fait adopter. Va en **6**.

5. Le père fait passer une épreuve au bébé en le frottant avec de l'eau, du vin ou de l'urine glacée (beurk). Il survit ?
Oui Va en **6**.
Non Va en **3**.

6. Le bébé fait partie de la famille. Informe le monde en plaçant une branche d'olivier sur ta porte si c'est un garçon, un brin de laine si c'est une fille. Va en **7**.

7. Célèbre la cérémonie des Amphidromies. Quand le bébé a sept jours, balaye la maison et asperge-la d'eau. Le père court autour du foyer avec le bébé dans les bras pendant que la famille chante des hymnes. Va en **8**.

8. Quand le bébé a dix jours, on tient la cérémonie du nom. (Un garçon prend le nom de son grand-père.) Félicitations – tu y es arrivé… sauf si la maladie, la peste ou la guerre t'emporte !

La bonne nouvelle : Les garçons n'allaient à l'école qu'à l'âge de sept ans – les filles n'y allaient pas du tout.

La mauvaise nouvelle : On additionnait des lettres, pas des chiffres – a = 1, b = 2, c = 3, etc.

Mais sais-tu combien font BICHE + BÉBÉ ?

Réponse : 29385 + 2525 = 31 910

La très mauvaise nouvelle :

Les garçons allaient à l'école accompagnés d'un esclave. Mais non, pas pour faire leur travail. La tâche de l'esclave était de s'assurer que le garçon se tenait bien. Sinon, il lui donnait une bonne râclée.

Teste ton prof

Les grecs adoraient penser – la science qui consiste à penser a pris le nom de « philosophie ». Mais c'est un penseur d'Italie qui eut les pensées les plus étranges – Zénon d'Élée. Les Grecs étaient passionnés par les « problèmes » de Zénon. Mets ton prof à l'épreuve avec cette question sournoise (et très grecque)…

Survivre à la cantine

T'est-il arrivé d'aller à la cantine et de ne rien trouver qui te tente ? Que se passe-t-il ? Tu restes sur ta faim.

Les Lydiens restèrent sur leur faim très longtemps, à cause d'une famine. Ils décidèrent de trouver une solution. Ils découvrirent que plus on pense à la nourriture, plus on a faim. Alors ils inventèrent des jeux pour se changer les idées. Ils se mirent à jouer aux dés et aux osselets.

Ils s'y intéressèrent tellement qu'ils en oublièrent leur faim. Le lendemain ils mangèrent ce qu'ils trouvèrent mais ne jouèrent pas. Cela dura 18 ans ! Un jour ils mangeaient, le lendemain ils jouaient.

Alors, si tu n'aimes pas la cantine, joue aux osselets. Il te faut cinq articulations de chevilles d'animaux à *sabots fendus*. (Ils ont des petits os bien cubiques.) Tu as le choix : bisons, cochons, chèvres, antilopes ou moutons.

Si par hasard tu en trouves au menu de la cantine, ce sera ton jour de chance.

Si le cuisinier de l'école tue lui-même son gnou dans les cuisines, demande-lui les os des articulations de la cheville. Sinon, tu n'auras qu'à te rabattre sur des petits cubes de bois, comme des dés.

Osselets : « Le cheval à l'écurie »

Joueurs : Un ou plus

Il te faut : Cinq osselets (ou cubes de bois)

Règles : Pose quatre osselets par terre. Chacun est un « cheval ».

Mets la main gauche près des osselets, en touchant le sol du bout des doigts, tenus écartés. Les espaces entre tes doigts sont les « écuries ».

Lance le dernier osselet en l'air avec la main droite.

Avant de l'attraper, le joueur doit pousser de la main droite l'un des « chevaux » dans une « écurie », c'est-à-dire faire passer un osselet dans un espace entre les doigts.

Puis, toujours avec la main droite, rattrape l'osselet lancé en l'air.

Continue jusqu'à ce que les quatre « chevaux » soient à l'écurie – un cheval par écurie ! Éloigne la main gauche des chevaux. De la main droite, lance le cinquième osselet en l'air, ramasse les quatre chevaux et rattrape le cinquième.

Si le joueur a rempli son écurie, ou s'il commet une erreur, c'est au tour du suivant.

Le premier qui a mis dix fois tous les chevaux à l'écurie a gagné !

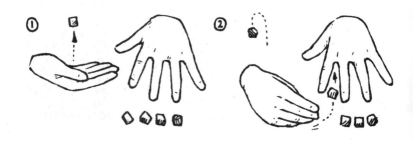

Les Jeux olympiques scolaires

Les enfants grecs inventèrent des jeux comme les osselets, auxquels on joue encore aujourd'hui dans certains pays. Peut-être y as-tu joué toi-même. Voici les règles de six jeux qui te permettront de jouer comme un jeune Grec.

Ostrakinda

C'est un jeu à deux équipes qui se joue toujours dans certains pays d'Europe.

Il te faut : une pièce en argent. Peins une face en noir – c'est le côté « Nuit ». L'autre face est le côté « Jour ».

Règles :

1. Constituer deux équipes – celle du Jour et celle de la Nuit.

2. Lancer la pièce en l'air.

3. Si elle retombe côté noir au-dessus, l'équipe « Nuit » poursuit l'équipe « Jour ». Sinon, c'est le contraire.

Le chaudron

Règles :

1. On désigne quelqu'un pour être « la chose ».

2. La chose, les yeux bandés, s'assoit par terre.

3. Les autres essaient de le toucher.

4. La chose essaie de toucher les autres joueurs avec le pied.

5. Si quelqu'un se fait toucher, il devient à son tour « la chose ».

OÙ SONT-ILS PASSÉS ?

S'IL VOUS TOUCHE AVEC SES PIEDS, VOUS AUREZ BESOIN DE VOUS ASSEOIR.

La mouche de bronze

Colin-maillard version grecque, qu'un Grec décrit ainsi…

> *On bandait les yeux d'un garçon. Puis on le faisait tourner sur lui-même et il criait : « Je vais chasser la mouche de bronze ! »*
>
> *Les autres répondaient « Essaie toujours, tu ne l'attraperas pas. »*
>
> *Et ils le narguaient avec des bandelettes de papier jusqu'à ce qu'il en attrape une.*

C'EST PAS UN FOUET À TAUREAU ?

Éphédrismos

Règles :

1. Un joueur, les yeux bandés, en porte un autre sur son dos.

2. Le deuxième doit guider le premier vers un but posé sur le sol.

3. Si le porteur atteint le but, c'est lui qui monte sur le dos de l'autre. On peut également faire une compétition entre plusieurs paires de joueurs.

TU ES SÛR QUE C'EST PAR LÀ ?

Le Cricket

Les Grecs jouaient aussi à un jeu de ballon, consistant à envoyer une balle sur un « guichet », un peu comme au cricket, mais sans le batteur.

Nous ne connaissons de ce jeu que des images peintes sur des vases, mais pas les règles écrites. Invente tes propres règles – peut-être jouaient-ils ainsi…

1. Tiens-toi à une distance donnée du guichet.

2. Tu as droit à dix essais pour frapper le guichet avec la balle.

3. L'adversaire se tient derrière le guichet et te renvoie la balle à chaque fois.

4. Puis tu prends sa place et il essaie dix fois à son tour.

5. Celui qui a marqué le plus de fois a gagné.

6. Essaie à nouveau en éloignant la ligne du guichet.

Il semble (d'après les dessins trouvés sur les vases) que le perdant porte le vainqueur sur son dos.

Kottabos

Règles :

1. Prends une perche en bois et fais-la tenir à la verticale.

2. Fais tenir un petit disque en métal en équilibre sur la perche.

3. Verse un peu de liquide dans une tasse à deux anses.

4. Prends la tasse par une anse et jette le liquide sur le disque en essayant de le faire tomber.

PAS TERRIBLE, ÇA, HEIN ?

(Figure-toi que les adultes pratiquaient ce jeu stupide lors des fêtes.)

Tu peux essayer avec une tasse d'eau et une pièce de 1 euro en équilibre sur un manche à balai... mais pas dans ton salon, s'il te plaît.

Colle tes parents

Tes parents se croient sûrement très malins. Fais-leur faire ce petit test pour vérifier. Tout ce qu'ils ont à faire est de répondre « les chouettes Grecs », « les cruels Capets » ou « les Bourbons bouffis ».

Qui a eu ces jeux ou jouets en premier ? Les chouettes Grecs, les cruels Capets ou les Bourbons bouffis ?

1 les marionnettes à fil

2 les dames

3 le tir à la corde

4 les poupées articulées

5 les chariots miniature

6 le Yo-Yo

7 les hochets

8 les toupies

9 le tape-cul

10 le croquet

Réponse : Tous furent joués en premier par les petits Grecs. Toute autre réponse est fausse. Quel est le score de tes parents ?

10 Ils ont forcément triché.

6-9 Pas mal – pour des adultes.

3-5 Qu'ils retournent à l'école – ou qu'ils lisent ce livre.

0-2 Ne laisse *jamais* tes parents t'aider à faire tes devoirs. Ton hamster s'en tirerait mieux. Même un hamster mort s'en tirerait mieux.

CELA NE NOUS DIVERTIT PAS !

LES ROMAINS ARRIVENT

Sabotage à Bénévent !

À mesure que l'armée grecque s'affaiblissait, l'armée romaine se renforçait. Au début, les Grecs gagnaient toujours – mais perdaient beaucoup d'hommes. Les Romains corrigeaient leurs erreurs et s'amélioraient à chaque fois, jusqu'à ce qu'enfin, en 275 avant J.-C…

ET LE PIRE ÉTAIT À VENIR. UN ÉLÉPHANTEAU, AFFOLÉ PAR LES LANCES DES ROMAINS, CHARGEA SUR LE CHAMP DE BATAILLE À LA RECHERCHE DE SA MÈRE. IL ÉCRASA AU PASSAGE SES PROPRIÉTAIRES GRECS.

MAMAN !

SCORE : ROMAINS 1 – GRECS ET ÉLÉPHANTS 0

Infos d'éléphants

1. Le premier Grec qui rencontra une armée d'éléphants fut Alexandre le Grand, lorsqu'il envahit l'Inde.

2. Non seulement les éléphants piétinaient et terrifiaient l'ennemi, mais ils constituaient une bonne plate-forme de tir pour les archers.

3. Les Grecs utilisaient des éléphants fournis par les Indiens. Les dompteurs étaient venus avec eux. Les éléphanteaux grandissaient avec leur cornac. Eux seuls pouvaient leur commander car les éléphants ne comprenaient que la langue indienne.

4. Les cornacs étaient très importants pour les Grecs, qui les payaient mieux que les simples soldats.

5. Un an après la catastrophe de Bénévent, les Grecs arrivèrent à Argos. Au cours de la bataille, un éléphant perdit son cornac. Il parcourut le champ de bataille jusqu'à ce qu'il le retrouve, étendu mort sur le sol. Il ramassa le corps avec sa trompe, le posa en travers de ses défenses et l'emporta. Et il ne se préoccupa guère de savoir qui il piétinait à mort au passage – amis grecs ou ennemis romains.

Pauvre Pyrrhus

Le roi Pyrrhus eut une triste fin dans sa guerre contre les Romains. En 274 avant J.-C., il se battait au siège d'Argos quand il fut blessé par un paysan armé d'une pique. C'était juste une petite blessure, mais le roi, furieux, se retourna pour tuer le paysan d'un coup d'épée.

C'était sans compter les femmes d'Argos. Elles étaient montées sur les toits pour observer la bataille. Elles devaient avoir l'air de parents tout fiers en train de suivre un match à l'école. Vous savez, le genre qui se tiennent sur la ligne de touche en hurlant des trucs comme « Vas-y, Timothée ! » ou « Hé l'arbitre, va chez l'oculiste ! »

Bref, qui était en train de regarder Pyrrhus s'en prendre au paysan à la pique ? La mère du paysan.

« Hé, c'est mon fiston que vous voulez tuer, là, espèce de grosse brute ! » lança-t-elle. La femme arracha une tuile du toit et la balança sur Pyrrhus.

Bon, ou bien c'était une lanceuse de disque olympique, ou elle eut beaucoup de chance. La tuile atteignit Pyrrhus à la nuque, juste au-dessous du casque. Il se cassa le cou et tomba raide mort de son cheval.

Si les journaux avaient existé à l'époque, la *Gazette d'Argos* aurait fait ses choux gras de cette histoire. Imagine les gros titres...

UNE PROCHE PARENTE DU PAYSAN À LA PIQUE PLOMBE LE PITOYABLE PYRRHUS

... par exemple...

ÉPILOGUE

Après les chouettes Grecs vinrent les affreux Romains. Les Romains étaient censés être un plus grand peuple encore que les Grecs. C'est vrai qu'ils finirent par dominer la moitié du monde – y compris la France.

Mais les Romains étaient assez rats comparés aux Grecs. Leurs jeux n'avaient pas l'ampleur des épreuves olympiques – ce n'était que prétexte à regarder des hommes tuer des animaux, des animaux tuer des hommes et des hommes tuer des hommes. En boxe, par exemple, les Grecs se bandaient les mains avec des lanières de cuir, semblables à des gants de boxe. Les Romains, eux, se bandaient les mains avec du cuir dans lequel ils glissaient de vilaines pointes acérées.

Les pièces grecques étaient exaltantes et passionnantes. Les Romains ne firent que les imiter, mais en recherchant plus d'action et de violence. Dans les pièces romaines, à la fin, on tuait les gens pour de vrai.

Une histoire retraçant la conquête de la Grèce par Rome donne une idée de ce que le monde a perdu quand les roublards romains prirent le dessus sur les Grecs...

Archimède était un brillant penseur grec. Quand les Romains attaquèrent les siens à Syracuse (211 avant J.-C.), il utilisa son puissant cerveau pour inventer de nouvelles armes.

Pendant deux ans, les Romains furent tenus hors de la ville par ses trouvailles – les « rayons de la mort », des miroirs géants qui reflétaient le soleil sur les bateaux romains amarrés dans le port et y mettaient le feu ; et d'énormes catapultes qui les chassaient.

Mais les Romains finirent par briser les défenses grecques et firent régner la terreur sur les citoyens de Syracuse, tuant et pillant. Le commandant romain avait toutefois donné un ordre strict : « Trouvez Archimède – mais ne le tuez pas. »

Un soldat romain pénétra chez Archimède. Celui-ci, au milieu d'une expérience, était trop occupé à cet instant pour se laisser interrompre par quelque chose d'aussi insignifiant qu'une invasion.

Le Romain resta pantois. Pourquoi ce vieillard l'ignorait-il ? Le Romain se fâcha. Comment ce vieillard osait-il l'ignorer ?

Le Romain perdit son calme. Il tua l'inventeur sans défense. D'un coup d'un seul, il tua l'un des hommes les plus intelligents que la terre ait porté.

Le soldat romain fut puni pour avoir désobéi aux ordres. Mais cela ne fit pas revenir le vieil homme. De même qu'aucun des accomplissements des Romains, aussi grands fûssent-ils, ne fit revenir la splendeur des Grecs.

Les affreux Romains prirent le pouvoir – les chouettes Grecs furent rayés de la carte du monde. Voilà bien une histoire horrible.